Miguel Angel Adrados

PICOS DE EUROPA

ASCENSIONES A LAS CUMBRES PRINCIPALES
Y
20 TRAVESIAS SELECTAS

Oviedo, año 2.001

Reservados todos los derechos.
Prohibida la reproducción total o parcial y por cualquier medio de
cualquiera de las partes de este libro y de los mapas que lo acompañan.

© Miguel Angel Adrados

Depósito legal: AS. 693-2001
ISBN: 84-922363-0-2
Imprime: Graficas SUMMA, S.A.
          Polígono Industrial de Silvota, s/n. Llanera - Asturias

Pedidos de esta publicación: Apartado de Correos 1081 - 33080 Oviedo

PRESENTACION

Los Picos de Europa son un territorio montañoso potencialmente peligroso. Su altitud es modesta, pero poseen un relieve extremadamente agreste, lo que unido a lo imprevisible de su clima hacen que no siempre lleguen a feliz término muchas excursiones. Una de las más valiosas ayudas con las que puede contar el excursionista o montañero, es el disponer de un buen mapa de la zona a recorrer, así como de reseñas precisas de los itinerarios a seguir.

En la presente publicación se recogen los trabajos cartográfico-excursionistas sobre los Picos de Europa que inicié en 1985, cuando publiqué mi primer mapa del Macizo Central, hoy actualizado y unido al Macizo Oriental en una de las dos hojas a escala 1:25.000 que se acompañan en esta obra.

En la realización de estos dos mapas he empleado los medios técnicos y el sistema de representación más adecuados para lograr la mayor claridad y precisión posibles, teniendo en cuenta la difícil orografía de la zona tratada.

Pero no sólo es la parte topográfica lo más importante en la confección de un mapa. También la toponimia es de gran relevancia, ya que de la correcta denominación de un lugar depende su localización exacta en el terreno. Para el estudio toponímico de las áreas cartografiadas he tomado como referencia los trabajos de José Ramón Luege y José Antonio Odriozola. Estos fueron publicados en dos libros, cada uno de ellos acompañado de un mapa, ambos realizados en los talleres del IGN (en 1964 el macizo Occidental con toponimia de Luege y en 1978 el macizo Oriental con toponimia de Odriozola). Estos dos mapas son de un indudable valor toponímico pero están realizados sobre bases topográficas no muy precisas.

En todo caso he buscado las denominaciones originales entrevistando directamente a los pastores y a los guardas más antiguos del Parque Nacional. Cada uno de ellos, en su zona de trabajo, es la fuente de información más fiable.

A *Manuel Asusta, Andrés Camacho, Eloy Caso, Valentín Díaz, Tomás Fernández, José Luis González, Marino González, Narciso Llanes, José Luis Menéndez, Angel Mier, Jesús Noriega, Avelino Redondo, José María Remis, Cirilo Sánchez, Francisco Soberón, Emilio Suero,* y un largo etcétera, les agradezco su amabilidad al dejar sus quehaceres cotidianos para acompañarme y ayudarme a situar en el mapa las majadas, collados y demás puntos de referencia que configuran este maravilloso territorio que ellos tan bien conocen.

Igualmente agradezco su colaboración a *Guillermo Mañana y a Santiago Morán,* montañeros que también investigan el tema en distintas zonas de "Los Picos" y con quienes he contrastado la toponimia recogida.

El Autor

RECOMENDACIONES

Esta publicación va dirigida a los montañeros ya de un cierto nivel. La mayoría de las rutas que en ella se describen se desarrollan por terreno complejo en el que no siempre es fácil orientarse, y en algunas de ellas se encuentran pasos en los que hay que realizar algunas acrobacias, o cuando menos son delicados y expuestos.

Son especialmente peligrosas las canales que caen al Cares. En la mayoría de ellas se han perdido ya los caminos que antes las recorrían y en su lugar han quedado fuertes pendientes de hierba difíciles de transitar.

En cuanto a las ascensiones, algunas lo son a cumbres de un cierto grado de inaccesibilidad, por lo que sus vías, aún siendo las más normales, presentan pasajes de escalada. Ambos tipos de itinerarios, travesías y ascensiones, son sólo sugerencias que no comprometen la responsabilidad del autor.

Sin necesidad de dramatizar es conveniente tener en cuenta que Los Picos de Europa son en cierto modo un territorio agresivo en el que las repentinas tormentas y las nieblas frecuentes pueden poner en peligro la integridad física de los excursionistas. Para mitigar los riesgos personales y otros relacionados con la conservación del entorno y la convivencia entre ganaderos y montañeros es aconsejable respetar unas mínimas normas de seguridad y conducta:

- Calcular las posibilidades con relación a la ruta elegida, teniendo en cuenta las recomendaciones de la guía en cuanto a horarios y dificultad.
- No aventurarse en las zonas altas con tiempo inestable.
- No descender por ninguna de las canales que caen al Cares si no se conocen previamente o se llevan reseñas precisas. Los problemas se suelen encontrar en la parte baja de las mismas, y si no se da con el paso adecuado hay que volver a remontar toda la canal hacia arriba, lo que puede producir situaciones poco agradables, en particular si es ya cayendo la tarde. Si se desea conocer alguna canal extraña es más conveniente recorrerla en sentido ascendente. De este modo, si no se encuentra paso, es menos grave el dar la vuelta.
- Llevar siempre ropa de abrigo e impermeable, así como provisión de agua, ya que son raras las fuentes en altitud.
- Procurar no ir solos, y si se hace, dejar dicho el recorrido a efectuar y la hora aproximada de regreso.
- La escalada y la espeleología son actividades que requieren un alto grado de especialización. Ir más allá de las rutas que se proponen en esta guía, sin la compañía de un experto o indebidamente preparado, implica riesgos difíciles de prever. Además, para las incursiones espeleológicas es necesario solicitar las correspondientes autorizaciones (ver capítulo dedicado a este tema).
- Respetar la vida y propiedades de los lugareños y en general todo el entorno. Algunas especies vegetales y animales se encuentran en vías de extinción.
- En caso de accidente, la alerta debe darse en el teléfono 112, donde se encargarán de coordinar a los distintos grupos de socorro en montaña y los de espeleosocorro.

Primera Parte
DATOS DE INTERES PARA EL USO DE LA GUIA Y LOS MAPAS

I-a)	**RASGOS GEOGRAFICOS**	8
I-b)	**EL RELIEVE**	9
I-c)	**LA NIEVE**	10
I-d)	**LAS FUENTES**	11
I-e)	**DIFICULTADES**	12
I-f)	**HORARIOS**	13
I-g)	**EQUIPO**	13
I-h)	**TOPONIMIA**	13
I-i)	**DIRECCIONES UTILES**	24
I-j)	**ABREVIATURAS**	24

I-a) RASGOS GEOGRAFICOS

Los Picos de Europa son una unidad montañosa que se separa del eje de la Cordillera Cantábrica hacia el norte, a la altura de las costas de Llanes, entre Gijón y Santander. Las máximas altitudes de toda la cadena se encuentran en Los Picos de Europa (Torre de Cerredo 2.648 m, MC). Sin embargo, no es la altura de las cumbres, de por sí modesta, el aspecto más destacable de estas montañas, sino sus peculiaridades geomorfológicas y paisajísticas.

Los Picos de Europa están divididos en tres macizos bien diferenciados, entre los que discurren algunos de los cursos fluviales más importantes de su red hidrográfica. Los ríos Deva, Duje, Cares y Sella, son los que delimitan y separan a cada uno de los tres macizos. Estos son de oeste a este, el Macizo Occidental o de El Cornión, el Central o de Los Urrieles y el Oriental o de Andara.

• *Cornión* es una palabra de origen celta que significa cuerno y está, probablemente, inspirada en el aspecto que presenta la Torre Santa de Castilla cuando se la observa desde lejos, destacando entre las demás cumbres del macizo. La denominación "Picos del Cornión" se refiere más bien a las cumbres más altas del Macizo Occidental, pero de forma general se identifica a todo él con este mismo nombre.

El Macizo Occidental es el más extenso de los tres que forman el conjunto. Sus altitudes no superan a las del Central (2.596 m en la Torre Santa), pero en él se encuentra mejor representada toda la riqueza paisajística propia de estas montañas, lo que le llevó a ser declarado uno de los primeros parques nacionales de Europa (1). A media altura, las vegas y las majadas, se distribuyen entre el roquedo formando a menudo rincones de una original belleza. En las praderías aprisionadas entre las calizas sobrevive una actividad ganadera tradicional en pugna con los intereses conservacionistas del Parque.

Las masas forestales son también más importantes en el Macizo Occidental que en el resto de Los Picos. Numerosos bosques de hayas se distribuyen irregularmente en los valles periféricos. Los mas extensos son los de la vertiente meridional (Sajambre y Valdeón), pero también se encuentran pequeños bosques repartidos por el interior del macizo a media altura, sobre todo en las laderas orientadas al norte, donde parecen haber encontrado las condiciones ideales para su supervivencia.

• Existen distintas versiones acerca de la denominación *Urrieles* que se da al Macizo Central. Según algunos autores *Picos Urrieles* fueron todos Los Picos de Europa. También parece probable que el nombre general de Urrieles pretenda recordar que en este macizo se encuentra el pico más espectacular, el Pico Urriello (o Picu Urriellu) más conocido en tiempos modernos como Naranjo de Bulnes. Existen además unas peñas de escasa importancia en las proximidades de los Horcados

---

(1) Creado el 22 de Junio de 1918 y ahora ampliado al conjunto de los tres macizos

Rojos con este mismo nombre (Peñas Urrieles), aunque parece que en este caso se trata de un error toponímico que se ha ido transmitiendo de unos mapas a otros.

El Macizo Central, es el segundo en extensión de los tres que forman Los Picos de Europa, pero el más importante en altitud. En él se encuentran las cumbres más altas de todo el conjunto, con varias cumbres que superan los 2.600 m. También es el más abrupto de los tres, con un claro dominio del roquedo sobre la vegetación.

Debido al predominio de la roca, en el Macizo Central, la presencia del arbolado es menos importante que en los otros dos macizos. Sólo unos pocos núcleos boscosos sobreviven entre las calizas, siendo los más extensos los que se encuentran en el borde septentrional del macizo y los de la cabecera de Valdebaró, al sur. La especie arbórea más común en todos ellos es la haya.

El Macizo Central es el de características más alpinas de los tres y por ello la escalada ha alcanzado en él un mayor desarrollo. El Pico Urriello, o Naranjo de Bulnes, es el que polariza casi toda la atención en este sentido.

• El Macizo Oriental lleva el sobrenombre de *Andara* probablemente por su gran circo central, que es conocido con este mismo nombre. Es el menos extenso de los tres macizos y también el de altitud más moderada. Sólo unas pocas cumbres, en el núcleo principal de Andara superan los 2.000 m, alcanzando un máximo de 2.444 m en la Morra de Lechugales. Estas cumbres son tan agrestes como las del Macizo Central, pero al contrario que en aquel, la transición entre las cumbres y el fondo de los valles se hace más progresivamente con lo que los bordes del macizo son más suaves y ondulados. Un terreno más apto para el excursionismo de montaña. Una gran parte de la vertiente sur de Andara está cubierta por densos bosques.

Las hayas son sin duda la especie arbórea más representativa en toda el área de los Picos de Europa, pero también existen muchas otras especies: robles, fresnos, abedules, servales etc. Y en el fondo de los valles, castaños, tilos, nogales, alcornoques etc. El acebo es otra de las especies más abundantes, aunque su población ha descendido sensiblemente en los últimos años, a causa probablemente de alguna extraña enfermedad.

Otro de los árboles propios de la región es el tejo, el cual enraiza milagrosamente en las grietas de los bloques calizos, añadiendo una nota de cierto misterio en algunos parajes del Macizo Occidental.

I-b) EL RELIEVE

El aspecto más destacable de Los Picos de Europa es su acusado "karst". El relieve está caracterizado por la abundancia de depresiones en forma de cráter. En estos grandes hoyos (joos, jous o joyos según la denominación local en una u otra vertiente), es captada el agua de las lluvias que sale de nuevo a la superficie a cotas mucho más bajas. Las depresiones se suceden en las zonas altas mientras que los flancos de los tres macizos están constituidos por largas y escarpadas canales y cañones, en muchos casos difíciles de transitar.

Caprichosas formas kársticas en la caliza de Los Picos de Europa.

El terreno es predominantemente rocoso en los tres macizos, pero sobre todo en el Macizo Central, siendo rara la vegetación a partir de los 1.700 m, donde sólo existen pequeñas zonas de pasto que tapizan el fondo de algunos hoyos. Las cumbres, de caliza clara y agresivo aspecto, se elevan entre las depresiones formando barreras casi infranqueables. Con frecuencia es necesario efectuar largos rodeos para ganar una alta horcada que nos permita pasar de uno a otro hoyo y continuar así las travesías.

En los mapas, se han representado los escarpes verticales o casi verticales por medio de una simbología que se asemeja a la realidad del terreno lo más fielmente posible. Pero este sistema de representación sólo se ha empleado para los escarpes más importantes, por lo que hay que tener en cuenta, al realizar alguna excursión, aquellas partes del mapa donde las curvas de nivel están más juntas. Allí también pueden existir pequeños escarpes que dificulten el paso.

I-c) LA NIEVE

Debido a su escasa altitud, en Los Picos de Europa, no hay glaciares. Sólo existen algunos heleros que perduran de un año para otro en los lugares más altos y sombríos. En el Macizo Central, el más alto de los tres macizos, es donde se localizan en mayor número estos pequeños depósitos permanentes de nieve. En el mapa se han señalado los más importantes cambiando el color de las curvas de nivel (azul).

Las Fuentes

Aspecto invernal del Jou Lluengu (Macizo Occidental)

Aunque el nivel de innivación ha descendido sensiblemente en toda La Cordillera en los últimos años, en Los Picos de Europa todavía la nieve puede ofrecer algunos problemas en las travesías, sobre todo a principios de verano. A la hora de plantearse una excursión por el interior del macizo será interesante informarse previamente sobre la cantidad de nieve que podemos encontrar en el itinerario elegido. La fuerte pendiente y la dureza de los neveros pueden hacer aconsejable el uso del piolet en algunos tramos.

I-d) LAS FUENTES

Uno de los problemas a tener en cuenta cuando se proyecta una excursión por el interior de Los Picos de Europa, es la escasez de agua. Esta importante carencia de fuentes se debe a su especial estructura geológica. La extraordinaria permeabilidad del terreno aborta el desarrollo de cualquier curso de agua en la superficie. El agua captada en las dolinas resurge posteriormente a niveles mucho más bajos, cerca ya del fondo de las gargantas y valles. Son muy pocas las fuentes que existen en las zonas altas y éstas generalmente se sumen a los pocos metros de su nacimiento, lo que hace muy difícil su localización. Además, en los últimos años, se ha hecho patente una considerable merma del caudal en muchos manantiales. En el mapa se han utilizado tres símbolos diferentes para señalar la situación de las fuentes. El primero para las que se encuentran fácilmente, consistente en un círculo relleno. Otro círculo sin rellenar representa las fuentes más difíciles de localizar, bien porque su situación en el mapa no es totalmente exacta, o bien porque están medio escondidas o apenas dan agua. Algunas de estas últimas incluso ni siquiera se han reflejado en el mapa. El tercer símbolo, en forma de asterisco, se ha empleado para las surgencias, es decir, las cuevas o agujeros por los que sale en gran cantidad el agua captada en las simas del interior del macizo.

I-e) DIFICULTADES

Como ya se comentaba en las recomendaciones iniciales, casi todas las rutas que se reseñan en esta guía presentan alguna dificultad. Son recorridos que están a medio camino entre la simple excursión de montaña y el alpinismo. Conviene por tanto hacer una valoración de las posibles dificultades antes de afrontarlas.

Para las travesías, se dan indicaciones específicas sobre el tipo de problemas que se pueden encontrar en cada ruta. Y para las ascensiones, se ha adoptado la escala de dificultades francesa, que es la que se ha hecho habitual en nuestro país. Esta escala se encuentra representada en el cuadro siguiente:

Nivel de dificultad	Dificultad en conjunto de la ruta		Dificultad de los pasos aislados	
Vías largas con pasos de dificultad moderada o vías cortas con algún paso de cierta dificultad.	F PD AD	(Fácil) (Poco difícil) (Algo difícil)	I II III	A_1
Vías largas con pasos de dificultad mediana o vías cortas con algún paso de alta dificultad.	D MD	(Difícil) (Muy difícil)	IV V	A_2 A_3
Vías largas con varios pasos de alta dificultad o vías cortas con gran abundacia de pasajes extremos (vías deportivas).	ED	(Extremadamente difícil)	6a 6b 6c 7a . .	A_4 A_5

A estos grados se les puede añadir los términos superior (+) o inferior (-) para lograr una mayor precisión.

En esta guía sólo se reseñan las ascensiones a las cumbres por sus vías normales, cuya dificultad no sobrepasa a la primera categoría del cuadro, es decir, las que van de F a AD (y de I a III), con la única excepción del Pico Urriello.

Para conocer más rápidamente la dureza de una ascensión o recorrido, teniendo en cuenta su dificultad, duración, lejanía, naturaleza del terreno y otros factores, se las ha asignado un color según tres niveles de apreciación: *verde* para las rutas fáciles, *azul* para las de media dificultad y *rojo* para las más comprometidas.

Naturalmente las dificultades que se dan en la guía se refieren a una apreciación de las mismas en condiciones estivales. Estas cambiarán muy sensiblemente bajo la presencia de nieve o hielo.

I-f) HORARIOS

Es difícil dar con precisión la duración de una actividad en montaña. Esta variará inevitablemente en función del entrenamiento de cada uno así como de las condiciones atmosféricas y otros factores que pueden retrasar la marcha.

En la reseña de cada itinerario se ha asignado un horario efectivo total, al que se ha añadido un tiempo de paradas estimativo para poder contar con una duración aproximada de la jornada completa. El horario que figura en cada punto característico de la ruta, se refiere al tiempo efectivo a emplear desde el origen de la marcha, es decir que se van sumando los tiempos parciales. Y en los gráficos que acompañan a las reseñas se dan los tiempos parciales entre cada punto.

Para las ascensiones el tiempo a emplear es aún mucho más variable, ya que la preparación de la cordada determinará en gran medida la duración de la escalada. El horario asignado en la guía se refiere a un tiempo medio aproximado.

I-g) EQUIPO

El suelo de Los Picos de Europa es de una caliza muy abrasiva y a menudo hay que atravesar largos pedreros. Es por consiguiente interesante ir provistos de un calzado fuerte y con una suela adherente. Unas botas de tipo "trekking" son adecuadas para caminar por Los Picos en época estival, y podrán servir también para la mayoría de las ascensiones que se proponen en esta guía. Para estas últimas, cuando su dificultad de conjunto sobrepase el grado PD, es aconsejable además un equipo mínimo de escalada (cuerda, arnés, algunos mosquetones y un pequeño juego de fisureros). En cuanto a la vestimenta, es aconsejable no olvidar el jersey y el chubasquero.

En invierno, Los Picos de Europa permanecen cubiertos de nieve y hielo, por lo que se hace imprescindible el piolet, los crampones y demás elementos apropiados para afrontar las condiciones invernales de la montaña.

I-h) TOPONIMIA

De un modo general, en Los Picos de Europa no es fácil llegar a conocer con total exactitud los nombres de los distintos accidentes geográficos. Los errores se acumulan de unos autores a otros y no hay una toponimia definitiva que llegue a consolidarse.

En el caso del Macizo Central, el problema no es tan grave, ya que al ser éste más agreste y alto que los otros dos, no ha sido tan utilizado por los pastores. Son los montañeros los que desde el principio fueron dando nombre a las cumbres y collados más altos. En los valles la toponimia es de influencia más local y tampoco existen mayores problemas. Es en las zonas a media altura, donde se dan algunos casos de dualidad toponímica y cierta confusión, pero nunca tan acusada como en los otros dos macizos.

En el Macizo Occidental, mucho más humanizado, el problema es más grave. Sucesivas generaciones de pastores han utilizado desde hace siglos el territorio nombrando a muchos lugares según sus necesidades de identificación en cada momento. Esto a dado lugar a una gran riqueza toponímica que se puede traducir en la expresión cartográfica de una cultura y un lenguaje particulares que sería interesante conservar.

Sin embargo, en un mapa a escala 1:25000 no es posible incluir toda la toponimia que se puede recoger en una área tan compleja como la de El Cornión. Cada fuente, regato, cueva, paré, jorcada etc, incluso la más insignificante piedra o agujero, tiene o ha tenido nombre alguna vez. Es necesario, en este caso, seleccionar los topónimos más importantes y dejar el resto para trabajos parciales más completos.

En el Macizo Oriental, donde a finales del siglo pasado y principios del presente se produjo una importante ocupación minera. Esta actividad incompatible muchas veces con la de los ganaderos, causó el desalojo de estos últimos, siendo los mineros foráneos quienes dieron nuevos nombres a las cumbres y otros accidentes orográficos, dando con ello origen a una mayor confusión toponímica.

Por otro lado, las cimas apenas tuvieron importancia para los habitantes de la montaña, puesto que raramente tendrían que buscar en ellas a los rebaños. Sólo recibieron nombre aquellas que podrían servir de referencia, o las que siendo muy visibles desde el valle o las majadas tenían alguna característica particular (Ej: Torre Bermeja, Torre de Alba, etc). Las demás han ido recibiendo el nombre de algún paraje próximo, lo cual ha hecho que muchas cimas, sobre todo en El Cornión, no tengan una denominación muy apropiada para el tipo de accidente que se trata (ejemplo: Collado Verde, Sierra del Toyu, Cuesta Los Acebos, etc). Esto podría crear cierta confusión a los montañeros que vengan de otras regiones.

En muchos nombres se observa una cierta deformación derivada probablemente de la rapidez en la pronunciación. Con el tiempo se han llegado a hacer habituales nombres de una sola palabra que posiblemente eran compuestas originalmente (ejemplo: Cotalba, antes Cueto Alba; o Jocabau, antes Jou Cabau).

Dada la intrincada morfología de Los Picos de Europa, existen un sinfín de términos o acepciones que los lugareños emplean para referirse a cada uno de los diferentes tipos de accidentes según su forma y tamaño. Estos nombres varían, además, según la vertiente, ya que entran en juego tres regiones bien diferenciadas, Asturias, León y Cantabria, cada una con sus dialectos particulares.

En el siguiente glosario de términos se puede encontrar la clave para interpretar mejor los mapas.

ABLANO (Ablanedo).- Avellano, Avellanedo. Ej: Canal de los Ablanos, al este del Canto Cabronero (MOC).

Toponimia

AGUJA.- No es un nombre corriente en Los Picos de Europa, donde lo normal es llamar "Pica" o "Picón" al tipo de cumbre a que se refiere. Las pocas agujas que así figuran en los mapas fueron introducidas por montañeros foráneos.

ARGAYO.- Canal por la que se deslizan habitualmente desprendimientos de piedras y tierra, producidos por las precipitaciones de lluvia o nieve. Es un término empleado en la vertiente leonesa. Ej: Argayo Congosto (MC).

ARMADURAS (Armadas).- Pasarelas adosadas a las paredes rocosas. Se construían con piedras apiladas contra la pared y también con dos o más troncos empotrados en las fisuras de la roca y cruzados con otros hasta formar una plataforma. De esta manera, los pastores resolvían los pasos más difíciles para acceder con el ganado hasta las majadas más altas. Actualmente, apenas quedan pasos así en Los Picos de Europa, ya que los que todavía se utilizan han sido sustituidos por caminos tallados en la roca mediante voladuras.

BANZONES.- Troncos, normalmente de roble o tejo, seccionados a lo largo para formar una especie de teja con la que cubrían las cabañas. Algunos topónimos recuerdan a estos rústicos materiales de construcción. Ej: Vuelta del Banzón del Texu, en la Senda del Arcediano (MOC) (topónimo no incluido en el mapa).

BASARES.- Cornisas amplias y empinadas, parecidas a las traviesas. Ej: Los Basares, entre Val de la Sombra y los Campos de Matías, al sur de la Garita Bajera (MOC).

BOCA (Boquete).- Collado. Esta denominación se emplea normalmente en El Cornión para designar los collados que dan paso de un jou a otro (en el Macizo Central se suelen llamar Garganta). Ej: Boca del Jou Santu (MOC).

BOQUERON (Boquejón).- Breve estrechura por la que escapa un río o arroyo. Cuando ésta es más larga se llama Voluga.

BRAÑA.- Zona de pastos con algo de monte bajo y majada. En El Cornión este nombre suele ir unido al específico del sitio al que se refiere. Ej: Brañarredonda.

BURDIO.- Zona baja de un prado o plataforma aprovechada por el ganado en la que la pendiente se acentúa y crece la maleza. Ej: Los Llanos del Burdio, cerca de la Vega La Piedra (MOC).

CABEZA (Cabezo, Cabezu).- Ver Pico.

CALEYA (Caleyu, Caleyón).- Camino ancho por el que pueden circular carros o "rastrus" tirados por caballerías.

CANAL.- Valle estrecho pendiente y encajonado entre paredes de roca por lo general. Es un accidente típico en Los Picos de Europa. En otras montañas se conoce como corredor (del francés Couloir). Ej: Canal de Ría (MC).

CANTO (Cantu).- Este vocablo tiene varias acepciones. Se puede referir a ciertos collados o puntos de un camino en los que se traspasa una arista o loma estrecha y también se usa para designar algunas cumbres (Ver Pico). Ej: Canto Collugos (MC).

CEMBA VIEYA.- En Asturias, nieve vieja. Ej: Nevero de Cemba Vieya, al norte de la Torre de Santa María (MOC).

CHORCO (Chuercu).- Trampa para lobos consistente en un pozo donde se hacía caer a estos animales tras acorralarlos en una batida y conducirlos a través de una canal, natural o fabricada con troncos, cuya única salida era el Chorco. Una vez en él los lobos eran muertos. Existieron varias trampas de este tipo en Los Picos de Europa, la más popular entre ellas es la de Corona, en Valdeón.

CONCHA.- Lugar del camino, donde existe algún obstáculo natural (piedras resbaladizas, llambrias, etc.) o que discurre al borde de precipicios con el consiguiente riesgo para el ganado. Este nombre se emplea en la zona cántabra y es el equivalente al Cueñe o la Maeda en Asturias. Ej: Concha de Valcayo (MO).

COTERA (Cotera, Coterón).- Cerro cónico de laderas uniformes. De uso frecuente en la zona cabraliega del macizo. Este nombre tiene también relación con coto, de acotar, en este caso las zonas de pasto. Ej: Coteras Rojas (MC).

CUCHILLA (Cuchella, Cuchallón).- Cumbre estrecha y alargada en forma de cuchillo con flancos laterales verticales. Ej: Cuchallón de Villasobrada (MC).

CUEÑE (Cuenye, Cueña).- Zona de un camino donde sobresalen piedras o algún otro obstáculo que entorpece el paso, en particular del ganado vacuno. Ej: Cueñe Cerrada, en el camino de Vegarredonda a Ordiales (MOC).

CUERRE (Cuerrie, Cuerria, Cuerrón).- Pequeño cercado de piedra fabricado por los pastores para encerrar el ganado en las majadas. Se llaman también así a las cabañas que ya han perdido su techumbre.

CUESTA.- Ladera amplia y de pendiente uniforme, libre de roquedo y monte, fácilmente pasteable para el ganado. Ej: Cuesta del Trave (MC).

CUETO.- Ver Pico.

CUVIELLA.- Cueva de dimensiones reducidas.

DESVENTIO.- Vocablo utilizado por los pastores para describir pasos que efectúan en sus desplazamientos al borde de grandes precipicios.

FAEDO (Jaedo, Joyosa).- Bosque de hayas no muy extenso. Ej: Jaedo del Oso, Joyosa de Redimuña (MOC).

FORCADA.- Ver Horcada.

FOZ.- Es como un desfiladero, pero de dimensiones mucho más reducidas.

FRIERO (Friera).- Vocablo que viene de frío, y se refiere generalmente al aire frío y húmedo que sale de algunas cuevas o simas. En Valdeón llevan este nombre algunos accidentes geográficos posiblemente por darse este fenómeno en sus proximidades. Ej: Torre del Friero (MC).

GARAPOZALES.- En el Macizo Occidental, terrenos llenos de pozos y llastrialezas difíciles de recorrer.

GARMA.- Laderas irregulares y llenas de rocas aflorando en su superficie. Son como la Sierra, pero peores de andar para el ganado. Ej: Garma La Texa (MOC).

GÜEYO (Güeyu).- Ojo en Asturias. Algunas surgencias en el Macizo Occidental llevan este nombre, solo o asociado con otro. Ej: Los Güeyos de Junjumia.

GUSTO.- Este vocablo puede derivar de "Busto", que en bable quiere decir cabaña de ganado en los montes; o de "Bustia", lugar de pasto. En algunos mapas antiguos se conserva aún la "B" en lugar de la "G" actual al principio de la palabra, como en el monte Busto de los Caballos (ahora Gusto de los Caballos), sobre la Canal de Orbiandi. Muchas majadas llevan este nombre unido al propio. Ej: Gustalcuendi, Gustaviegu, Gustaguerra etc.

Toponimia

HORCADA (Horcadiella, Horcadina, Forcada, Forcau, Jorcau, Forcadona, etc.).- Collado. Topónimo muy difundido en Los Picos de Europa para designar collados estrechos y altos, a veces no accesibles desde una de sus vertientes. Viene a ser el equivalente a Brecha en otras montañas. Ej: Horcados Rojos (MC) o Jorcada Blanca (MOC).

HOYO.- Depresión cerrada en forma de cráter. Es un accidente muy característico en Los Picos de Europa. En términos geológicos, se llaman dolinas, y cuando éstas son muy grandes y de fondo plano, Poljés. Ej: Hoyos de Lloroza (MC).

HUERTA (Huerto).- En Asturias, prado pequeño normalmente colgado entre peñas en el que los pastores cerraban a sus rebaños para tenerlos mejor controlados. Ej: Huerta La Mazada, en el Primer Argao (MOC).

INGIESTA.- Tramo de un camino que asciende derecho y sin apenas vueltas para ganar rápidamente un paso elevado. Ej: Ingiesta Los Meraos, en Junjumia.

JAEDO.- Ver Faedo.

JASTIA.- De uso corriente en Amieva, se refiere al mismo accidente que la Canga o la Traviesa, pero más estrecha y alargada. Ej: La Jastia de Valdepino (MOC).

JAYA.- Haya en Asturias.

JORCAU (Jorcada, Jorcadiella).- Ver Horcada.

JOU (Joo, Joon, Joyo).- Es la expresión que se utiliza en el lado asturiano y en Valdeón para designar a las típicas depresiones de Los Picos de Europa, Hoyos en la parte Cántabra. Ej: Jou de los Boches (MC)

JOYOSA.- Ver Faedo.

JURACAO (Furacao).- Agujero natural, por lo general de grandes dimensiones, que atraviesa de parte a parte una peña. Ej: Peña Juracada, en Angón (MOC).

LLAGU (Llaguiellu).- Laguna pequeña. Hay muchos lugares en Los Picos de Europa con estos nombres en los que apenas se ve agua, lo que hace suponer que existieron épocas más ricas hidrográficamente en Los Picos de Europa. Ej: Llagu Viejo (MC).

LLAMA (Llamizo).- Prado pantanoso.

LLAMARGUES (Llamargones).- Del bable, terrenos húmedos en el monte donde crece toda clase de vegetación. Ej: Llamargones de Valdevadulla, encima de Angón (MOC).

LLAMPA (Llampaza, Llampiella).- Parte alta de una cuesta, donde ésta gana pendiente. Ej: Llampa cimera, en la Canal de Vegarredonda (MOC).

LLANO (Llanu).- Zona plana donde la pendiente toma un respiro. Este término se usa también frecuentemente en el lado asturiano para designar collados de una cierta amplitud. Ej: Llanu Cantu, Llano de la Cruz (MOC).

LLAMBRIA.- Superficie de roca pulida por el agua y el hielo, y de fuerte inclinación.

LLAMBRIALINA.- Llambria estrecha y colgada en el vacío.

LLASTRIA (Llastra, Llastral, Llastraleza).- Roca caliza de forma laminada y cortante. Se llaman Llastrales o Llastralezas a las zonas de cierta extensión en las que abundan las llastrias. Son terrenos muy caóticos, erosionados, con grietas y simas, por los que resulta difícil transitar. Parecidos a las Garmas o a los Garapozales.

Picos de Europa

LLERA (Lleriza, Llerona, Llerones).- Grandes pedreros constituidos normalmente por conos de deyección. Ej: Lleras de Friero (MC).

LLIVINCA.- En Amieva, asomadero con abismo o precipicio cortado a pico. Balcón sobre un valle. Ej: Llivinca La Prida, al este de la Cabeza La Texa (MOC).

LLOMBA.- En Asturias Loma, por lo general de grandes dimensiones y muy marcada. Ej: La Llomba del Toro (en Aliva).

LLUENGU (Luengo, Lengua).- Largo, lejano. Nombre muy utilizado en la zona, precedido de jou, para designar aquellas canales o valles amplios y muy largos. Existen varios Jous Lluengos en Los Picos de Europa. En Los Urrieles tenemos uno que desciende desde La Vega de Urriello hacia el norte y otro semejante más al oeste. También reciben este nombre algunas cumbres o puntos de referencia lejanos. Ej: La Verdelluenga o Piedra Lengua (MOC).

MAEDA.- Parte de un camino estrecho que discurre al borde de un precipicio o ladera muy empinada por donde se pueden despeñar la vacas. Estos pasos son para las reses el equivalente a los "Sedos" para las personas. Ej: Las Maedas, bajo la Porra de Uberdón.

MAJADA (Mayada).- Pequeña pradera con una o más cabañas en donde los pastores pasan largas temporadas cuidando el ganado. Ej: Majada de la Terenosa (MC).

MAZA (Mazo).- Pequeño grupo de árboles. Ej: Mazo Beduyal (MOC).

MERMEYA (Mermeyo, Bermeyo, Bermeja, Rubia, Roxu etc).- Relativo al color de la roca. La caliza presenta en ciertas zonas una coloración rojiza muy característica, lo que hace que muchos lugares se identifiquen con este fenómeno cromático. Ej: Paré Mermeyo, Cueva Rubia (MOC) o Torre Bermerja (MC).

MONTE.- Nombre muy generalizado en toda el área para referirse a las masas arbóreas. Ej: Monte Acebuco (MC).

MORRA (Morrón).- Cumbre cuyo remate final se asemeja a un morro. Ej: Morra de Lechugales (MO).

MOSQUITAL (Mosquil, Moscadorio).- Este vocablo y sus derivados se han aplicado en muchos de aquellos lugares a los que el ganado acude frecuentemente a "moscar", o que lo hacen en sus alrededores (moscar es retirarse a un lugar sombrío y fresco para librarse de las moscas en las horas más calurosas del día). Ej: Mosquil de Cebolleda, Canto Moscadorio (MOC).

MUDA.- Collado o paso elevado fácil de transitar por el que normalmente los pastores accedían con el ganado vacuno a valles de difícil acceso. Ej: La Muda de Ozania (MOC).

MUESCA.- Brecha. Ej: Muesca Las Sendas, por encima de la Mecedura Los Ríos (MOC).

PAN.- Puerto o collado amplio y de paso frecuente. Es un nombre muy corriente en Los Picos y se usa generalmente formando parte de una palabra compuesta. Ej: Pandetrave.

PANDO (Panda, Pandiella, Pandona).- Derivado de Pan se aplica igualmente a collados, pero también se usa a veces para los flancos herbosos que caen de algunos de ellos. Ej: Pando Culiembro (MC).

PARDA (Pardo, Pardina).- Relativo al color, como en el caso de Bermeya.

PARÉ.- Pared un poco desplomada bajo la que se resguarda el ganado. Muchos de estos leves abrigos naturales, están acondicionados por los pastores por medio de cierres de piedra formando redil contra la pared. Existen muchos Parés repartidos por todos Los Picos. Ej: Paré Carbonal (MC).

PEÑA.- Cumbre de grandes dimensiones que destaca de entre las demás. También se usa para referirse a ciertas zonas de roquedo que no llegan a formar realmente cumbre pero que son bien visibles en una ladera.

PEYO (Peyu, Peyín).- Agujero acampanado formado por la erosión del agua en la superficie horizontal de las calizas en el que se suele conservar el agua acumulada durante las lluvias. Ej: Los Peyos, cerca de Orrial (MOC).

PICA (Picón).-Viene a ser el equivalente de Aguja en otras montañas. Ej: El Picón del Hoyo Grande (MC).

PICO.- Aunque forma parte del nombre de todo el conjunto, "Picos de Europa", la palabra Pico apenas se utiliza para designar cumbres individualmente. Estas son identificadas con otros nombres muy particulares de la región: Cabeza, Canto, Cotero, Cueto, Morra, Porra, y sus derivados, Cabezo, Coterón, Morrón; o también Peña, Tiro, Torre, Castiello, etc. Estos nombres se usan según la forma, el tamaño y la situación de cada cumbre, pero ésto no es una regla general, ya que se encuentran cumbres de muy diferentes características con el mismo nombre.

PLAYA.- En Amieva conocen con este nombre a las laderas amplias, de pendiente muy acentuada y cubiertas de hierba que se encuentran colgadas sobre el abismo en las vertientes de El Cornión que caen al Dobra. Son peligrosas de andar, ya que en caso de resbalar sobre ellas resultaría difícil detener la caída. Ej: Playa de Cueva Oscura, La Playona (MOC).

PORRA (Porro, Porru, Porrón).- Aguja de cumbre redondeada o roma. Ver Pico.

POSA.- Lugar un poco más llano en un camino, donde los pastores suelen hacer un alto para descansar. Ej: Posá La Traviesa, en Semuñón (MOC).

PUERTO.- Puede referirse a Collado, pero también se conocen como "Puertos" al conjunto de vegas y majadas de una determinada zona. "Hacer puerto" o "hacer mayada" es pasar temporadas cuidando el ganado en estos lugares.

RASA (Raxu).- Cumbre amplia y plana, o lugar de estas características en una loma por la que se suele pasar. Ej: La Rasa de la Inagotable (MO).

REFUELLE (Regüelle).- Zona angosta y muy pendiente donde se canalizan varias canales.

REQUEXU.- En Amieva distinguen con este nombre aquellas Playas o Huertas que quedan encerradas entre paredes de roca y colgadas sobre un precipicio. Estas especies de anfiteatros suelen tener una entrada natural que una vez convenientemente cerrada sirven para guardar en ellas los rebaños. Ej: Requexu El Muchacho, por encima del Canalón del Texu (MOC).

RIEGA.- Arroyo que desciende por canales empinadas y de flujo intermitente.

ROBEZOS (Robecos, Robeques).- Rebeco. Muchos topónimos en El Cornión recuerdan a este habitante por excelencia de Los Picos, rey indiscutible de las alturas. Ej: Canal de Robequera (MOC).

Picos de Europa

SEDO (Seu).- Apócope de sendero o senda de montaña, utilizado para designar aquellos trozos de un camino difíciles y peligrosos en los que es preciso hacer uso de las manos para guardar el equilibrio. Algunos *sedos* se armaban con piedras o troncos para hacerlos más transitables. Muchos de estos pasos hoy se han tallado sobre la misma roca mediante voladuras. Ej: Sedo del Gato, bajo el Collado de Pambuches (MOC).

SIERRA.- Ladera más o menos regular en la que afloran rocas que la hacen difícilmente pasteable. Es un poco lo opuesto a Cuesta.

SIERRON.- Peñasco que presenta normalmente hacia el valle una arista más o menos aguda. Ej: Sierrón de Cuetocarrales, en Amieva (MOC).

TIRO (Tiru).- Además del pastoreo y la minería, la caza fue otra de las actividades que aseguraron el sustento de muchas familias en Los Picos. Existe constancia de esta pasada actividad cinegética en el nombre de muchos puestos de tiro. Algunas cumbres recibieron el nombre de un tiro cercano. Ej: Tiro Tirso, o Tiros Navarro (MC).

TOMBO (Tumbo, Tumbano).- Peñasco aislado en medio de una ladera.

TORCA.- Depresión kárstica, pozo, sima etc. Torca es el nombre con el que identifican en Cabrales y en algunos puntos de Cantabria a este tipo de accidentes. Ej: Torca Urriello (MC).

TORRE.- Cumbre aislada y que destaca de las demás en forma de torre o castillo, o que lo parece por alguna de sus vertientes. Nombre muy empleado en Los Picos de Europa.

TOYU.- Oquedad en la roca que apenas llega a formar cueva y en las que se puede resguardar el ganado. En Valdeón conocen este tipo de resguardo natural con el nombre de "Berón".

TRAMBOS.- Vocablo muy empleado en Los Picos, simplificación de "entre ambos". Se refiere a lugares situados entre dos accidentes geográficos de parecidas características. Ej: Fuente Entrambospandos, situada entre los dos collados de Untuje, (MO).

TRANAS.- Especie de plataformas naturales parecidas a las que hacen los labradores en un terreno inclinado para aprovecharlas mejor. Ej: Tranas del Ceudal, bajo el Collado Verde (MOC).

TRAVE.- Ventisquero, acumulación de nieve provocada por el viento.

TRAVIESA (Travieso).- Franja herbosa, o semi-herbosa, horizontal colgada en las paredes verticales y que constituye paso de ganado en sus desplazamientos de uno a otro valle. Algunas, por su fuerte inclinación, llegan a ser ciertamente expuestas y peligrosas de transitar. Ej: Traviesas de Congosto (MC).

TREMA.- Praderas encharcadas, similar a la Llama. Ej: Las Tremas, en la Vega El Paré (MOC).

UTRE.- Buitre en Asturias. Ej: Cantu del Utre (MOC).

VALLEJA (Vallina, Vallinona, Vallejón).- Son diferentes acepciones que se utilizan según el tamaño y la forma de los valles pequeños. Ej: Canal del Vallejo (MC).

VEGA.- Amplias praderías situadas por lo general en el fondo plano de los Hoyos más grandes o los Poljés (ver Hoyo). Ej: Vega de Liordes (MC).

Toponimia

VISO.- Collado amplio o zona más llana en una loma desde donde se domina una cierta extensión de terreno.
VOLUGA.- Desfiladero estrecho y no muy largo por donde normalmente corre un río.
VOZ.- Reciben este nombre en la zona de Amieva algunos collados o puntos desde los que se dominan bien dos vertientes. Este vocablo tiene su origen en la posibilidad de comunicación oral a ambos lados del punto en cuestión. Ej: Voz de Timarro, sobre Amieva (MOC).

DENOMINACIONES DOBLES

Al comparar otros mapas con los que acompañan a esta publicación, el lector podrá observar algunas diferencias toponímicas. Algunas de ellas pueden ser errores (errores de fonética en la recepción oral del nombre en su mayoría). Pero también hay casos en que los distintos nombres en uno y otro mapa pueden ser igualmente válidos, ya que se trata de cumbres u otros lugares que poseen doble denominación, o incluso triple en ocasiones.

En la siguiente relación se aclaran algunos de los casos más conflictivos:

EN EL MACIZO OCCIDENTAL

ABEDULAR.- También Pico Jover.
CANTON DEL TEXEU.- En Onís conocen también a este risco como Cantón de Soñín.
COLLADO DE LA FRAGUA.- Importante paso que debe su nombre a una fragua que se instaló en la cueva que existe debajo mismo del collado, en la vertiente este. En este improvisado taller se reparaban las herramientas de una mina de manganeso que se explotaba más abajo, en el Jou Sin Tierri. También se conoce este collado con el nombre de Juan González, antiguo cazador de la región que encontró la muerte en este mismo lugar.
CUETOS DE LA SILLA.- También Los Jontanales (en Amieva).
HORCADA DE POZAS.- Horcada Ancha para los de Amieva.
HORCADA DEL REQUEXON.- También Horcada Ancha.
HORCADA VAQUERA.- También Horcada del Poyo.
HOYO VERDE.- Esta depresión es conocida como Joucabau por los de Caín.
JOON.- Más exactamente Joon de Oliseda, aunque en el mapa he adoptado la forma simplificada por razones de espacio.
JORCADA BLANCA.- También Jorcada de Juan González, el mismo cazador aludido antes en Collado de la Fragua.
JOU SANTU.- Se llama así a la triple depresión que se encuentra al norte de la Torre Santa de Castilla. Originalmente este nombre sólo se daba al más alto de los tres hoyos. Los Otros dos tenían otros nombres. El más popular de ellos, aunque no muy arraigado, era el de Canal Parda, con el cual identificaban todo el espacio comprendido entre el Cdo del Jou Santu y El Boquete. De ahí el nombre de la Torre de la Canal Parda, que queda por encima hacia el norte.

MOSQUIL DE CEBOLLEDA.-Erróneamente ha figurado siempre en los mapas como "La Mazada", pero ningún lugareño reconoce este nombre. Sin embargo, al ser un lugar de paso muy frecuentado por los montañeros, para ellos se ha llegado a instituir el falso nombre. Del mismo modo, es falso también el topónimo "Porru de la Mazada", situado por encima del Porru Bolu.

PEÑA O CERRA DE DOBRES.- Nombre empleado en Valdeón para la cumbre situada al sur del popular Puerto de Dobres. En Sajambre conocen esta misma cumbre como Pico de los Argayos.

PICO COTALBA.- En Amieva todavía lo recuerdan como Cuetalba.

PICO DE LA ROCHA.- Este pico figura en otros mapas con el nombre de Camborisco, pero Comborisco (no Camborisco) es el monte que se sitúa más al NO.

PIEDRA LENGUA.- También Piedras Lluengas.

PORRA DE UBERDON.- Existe cierta confusión en cuanto a la forma de nombrar a esta cumbre, situada al NO de la Vega de Comeya. Mientras que para los habitantes de los pueblos situados bajo el pico es Porra de Uberdón, para los pastores que frecuentaban la zona de Los Lagos era el Cantu del Utre. Los de Gamonedo dan este nombre a una pequeña prominencia rocosa que se encuentra más abajo, entre la Porra de Uberdón y Llanu Cantu, en la que según ellos paraban habitualmente los buitres.

RIO GUSTEGUERRA.- La mayoría de los mapas nombran como "Junjumia" al río que baja desde la majada de este mismo nombre hasta la Mecedura de los Ríos, donde se une este río con el Pelabarda y el Dobra. Sin embargo, los lugareños sólo conocen con este nombre al tramo más alto del río. Tanto los que hacían "mayada" en Vegarredonda como los que entraban hasta la parte baja del río desde Amieva, coinciden en el nombre de Gusteguerra para todo el curso bajo del río hasta la Mecedura de los Ríos.

SIERRA DE ESCARANDI.- Cumbre secundaria situada al norte de la Cabeza de Salgaredo, conocida también como La Rasa o La Rasa de Escarandi.

TORRE DEL ALBA.- Importante cima de las que rodean al Jou Santu por el norte, que en otros mapas figura con el nombre de Torre de los Traviesos. Parece ser que este topónimo se debe el montañero francés Saint Saud, quien lo adoptó de los traviesos que cruzan a media altura las laderas meridionales del pico (estas traviesas servían de paso a los rebaños para entrar en el Jou Santu desde la Jorcada Miguel). Sin embargo, en todos los pueblos del lado asturiano siempre conocieron esta cumbre como la Torre del Alba por ser ésta la primera en recibir la luz solar al nacer el día.

TORRE DE LOS CABRONES.- En algunos escritos antiguos se identifica a este basto conjunto de cumbres que se agrupan al oeste de La Robliza con el nombre de "Peña Blanca". Esta denominación se debía probablemente al color blanco de las rocas en su vertiente norte, lo que daría igualmente origen al nombre de los Jous de Peña Blanca y al de la Jorcada Blanca, que se sitúan a ese lado de la montaña. Por encima de la Jorcada Blanca se eleva una aguja que Saint Saud bautizó como Punta Gregoriana, en recuerdo a Gregorio Pérez "El Cainejo", quien le acompañó en aquella ascensión (13 de septiembre de 1906).

TORREZUELA.- Es posible que el nombre original de esta aislada cumbre, que forma crestería al oeste de la Torre de Enmedio, sea "Torre del Alba", como así aún la recuerdan en Amieva y se conserva en su horcada oriental (Hda del Alba).

Existen muchos más accidentes geográficos en El Cornión con varios nombres, pero relacionarlos aquí alargaría innecesariamente esta publicación, cuyo objetivo no es el de un estudio en profundidad de la toponimia.

Del mismo modo no se han reflejado en el mapa, por falta de espacio, bastantes topónimos que para muchos montañeros podrían ser importantes. Algunos de estos nombres omitidos voluntariamente son:

AGUJA y FORCAU DEL GUA.- Entre las T^{es} de Cebolleda y la T^e de Santa María.

AGUJA DEL BOQUETE.- Al sur de la brecha que lleva este nombre.

AGUJA DEL PERRO QUE FUMA.- Situada entre la Aguja del Corpus Cristi y la Aguja del Gato, al este de la Torre Santa de Castilla. Las denominaciones de este pequeño conjunto de agujas se deben a los escaladores que alcanzaron por primera vez sus cumbres. Agustín Faus y Vicente Lladró escalaron en 1952 la Aguja del Corpus Christi el mismo día de esta festividad. En esos mismos días escalaron también El Gato, al que bautizaron así por su forma y por recordarles al Gat del Pedraforca. "El Perro que Fuma" era el nombre de un popular grupo de escaladores castellanos de aquella época (Pedro Acuña, Pablo Avila, Francisco Brasas, Pedro Gómez, Salvador Rivas y Tomas Santos). Algunos de sus miembros visitaron la Torre Santa en el verano de 1954 y dejaron el nombre del grupo en la mencionada aguja. A estos y a otros montañeros castellanos se deben la mayoría de los topónimos de la Torre Santa de Castilla: Brecha Norte, Brecha de los Cazadores, Aguja José de Prado, etc. Brecha y Aguja son términos importados que apenas se emplean en el resto del macizo.

EN EL MACIZO CENTRAL

ALTO DE LA CANAL.- Este collado, que da paso a la Vega de Liordes desde el Caben de Remoña, es conocido en Valdebaró como Collado de Remoña.

CUESTA CONTES.- Conocida con este nombre por los habitantes de Sotres, es la cuesta que se extiende al oeste del Cortés y Prao Cortés. En el lado cántabro la nombran como los citados picos, es decir, Cuesta Cortés. En la guía se ha respetado el topónimo de Sotres para conservar las dos versiones.

DIENTE DE URRIELLO.- También Aguja de los Cazadores.

EN EL MACIZO ORIENTAL

LA JUNCIANA.- Nombre que dan en Tresviso a la cumbre que se sitúa entre La Rasa de la Inagotable y el Pico del Sagrado Corazón. En Sotres es conocida de antiguo como el Pico del Diablo y en el lado de Potes como Los Llambriales Amarillos (en el mapa he adoptado la versión tresvisana por razones de espacio).

PICO DE LAS AGUDINAS.- O Pico de la Aurora, según la versión minera.

PICA DEL JIERRU.- También conocido como Pico del Evangelista (nombre minero) y Tiro de la Infanta (nombre cinegético).

PICO DEL SAGRADO CORAZON.- Originalmente Pico de San Carlos, hasta que en 1.900 se colocara la imagen del Corazón de Jesús en la cumbre.

PICO SORIANO.- Nombre foráneo dado por los mineros en honor a José Soriano, uno de los ingenieros que trabajaron en las explotaciones de Andara. Originalmente se conocía a esta cumbre como Picas de los Campos de los Senderos (en el mapa he adoptado el menos correcto por razones de espacio).

TORRE DE LA CELADA.- O Torre de D Pedro Pidal, en memoria del promotor y coprotagonista de la primera ascensión al Pico Urriello.

I-i) DIRECCIONES UTILES

• **Grupo de Rescate del Principado de Asturias.** Teléfono 112.

• **Grupo de Rescate en Montaña (GREIM).** Cuartel de la Guardia Civil. C/ Obispo,7. Potes (Cantabria). Teléfono (942) 73 00 07.

• **Grupo de Rescate en Montaña (GREIM).** Cuartel de la Guardia Civil. C/ Llerado. Cangas de Onís (Asturias). Teléfono (98) 584 80 56.

• **Cruz Roja.** Destacamento en Potes. C/ Independencia. Teléfono (942) 73 01 02.

• **Puesto de la Cruz Roja de ICONA.** En Posada de Valdeón. Teléfono de contacto (987) 74 05 04 (Ayuntamiento de Posada de Valdeón).

• **Oficina de Información del Parque Nacional.** Casa Dago. Avda de Covadonga, 43. Cangas de Onís (Asturias). Teléfono (98) 584 86 14.

• **Federación de Montaña del Principado de Asturias.** Avenida Julián Clavería. Oviedo (Asturias). Teléfono (98) 525 23 62.

• **Federación Leonesa de Montañismo.** Avda de la Facultad, 3. León. Teléfono (987) 25 00 52.

• **Federación Cántabra de Montañismo.** C/ Sánchez Díaz, 1-1º. Reinosa (Cantabria). Teléfono (942) 75 52 94.

I-j) ABREVIATURAS

Cda	collada	MC	Macizo Central
Cdna	colladina	MO	Macizo Oriental
Cdo	collado	MOC	Macizo Occidental
Ej	ejemplo	min	minutos
Gta	garganta	N	norte
h	horas	S	sur
Hda	horcada	E	este
Hdna	horcadina	O	oeste
m	metros	Pte	puente
Mda	majada	Pto	puerto

Segunda Parte
EL CORNION

II-a) REFUGIOS Y ACERCAMIENTOS 26
II-b) ACCESOS AL INTERIOR DEL MACIZO OCCIDENTAL 28
II-c) CUMBRES PRINCIPALES DEL CORNION (ASCENSIONES) 33
II-d) TRAVESIAS SELECTAS EN EL CORNION 49

II-a) REFUGIOS Y ACERCAMIENTOS

Refugio Cabaña de Pastores (1.100 m). Situado en la Vega de Enol, contigua a Los Lagos. Abierto todo el año. 26 plazas en literas y servicio de cocina. Propiedad del Ayuntamiento de Cangas de Onís (Asturias).

Refugio de Vegarredonda (1.410 m). Situado en la vega del mismo nombre. Util para acceder a la mayor parte de las cumbres del Macizo Occidental desde el norte. Abierto todo el año. 68 plazas en literas y servicio de cocina. Propiedad de la FEMPA y la Consejería de Cultura del Principado de Asturias.

Acercamiento: Desde la Vega de Enol, seguir la pista que se adentra en el macizo hasta el Pozo del Alemán. Allí, ésta atraviesa el río por un rústico puente y alcanza la Vega La Piedra. El camino algo confuso en esta vega, asciende hacia la izquierda (SE) superando una corta pero fuerte pendiente. Algo más arriba, y tras otro gran bloque de piedra, se entra en una amplia vega, la Vega Canraso. Atravesando este gran escalón y después de otra nueva pendiente en la que el camino efectúa un par de zigzags, se llega a La Rondiella. 1 h 40 min.

Atravesar la majada cuidando de no ir hacia un collado a la derecha, lo que parece más lógico. Se debe continuar sin salir del valle que traemos hasta un amplio collado, Cdo Gamonal, desde el que son ya visibles al otro lado los dos edificios tipo cabaña que constituyen el refugio.

Tiempo aproximado: 2 h desde la Vega de Enol a Vegarredonda.

Refugio Marqués de Villaviciosa (1.630 m). Situado en la Vega de Ario (Asturias), sector NE del Macizo Occidental. Abierto todo el año. 40 plazas en literas y servicio de cocina. Propiedad del Gobierno Regional del Principado de Asturias.

Acercamiento: Desde el aparcamiento en Buferrera, pasar al Lago de la Ercina y atravesar la campera en la margen izquierda (E) del lago. En seguida se toma contacto con un sendero que se adentra en un pequeño valle escondido tras el Pico Llucia. Seguir el sendero que discurre por el fondo del valle hasta un primer collado. Desde este punto se ven enfrente y al fondo (E) las cumbres del Cerredo y Cabrones pertenecientes al Macizo Central.

Bordear dos pequeños jous (Cuenye las Bobias) y entrar en otra depresión de mayores dimensiones, en la que se encuentra la Majada de las Bobias. El camino atraviesa el jou y alcanza el collado opuesto, donde existe una fuente. En este punto el camino se bifurca. Un ramal desciende por una canal hacia la izquierda dirigiéndose a la Redondiella. El otro, que es el que continúa hacia Ario, atraviesa a media ladera hacia un pequeño grupo de hayas que crecen entre grandes rocas. ¡Atención!, enseguida se encuentra otra bifurcación. Seguir por la derecha ganando algunos metros por encima del hayedo. Se efectúa después una larga travesía, ligeramente ascendente sobre una gran depresión en cuyo fondo se pueden ver las cabañas de La Redondiella. El camino alcanza horizontalmente la entrada de un vallecito en el que se encuentra una charca (El Llaguiellu) y de la que nace un arroyo. 1 h 20 min.

Sin entrar en el vallecito mencionado, cruzar el arroyo y pasar a la parte alta de una canal que cae hacia la izquierda y por la que el camino sube trazando algunos zigzag (Las Reblagas). Se gana así un colladín situado en la parte alta de la canal. Atravesar después una zona algo laberíntica de pequeños jous que el sendero va sorteando sin perder apenas altura (evitar la tendencia natural a querer bajar al valle que se ve más abajo, a la izquierda).

Entrar después en una nueva canal que se abre a la derecha de una pequeña pared naranja y remontarla hasta otro collado. A partir de aquí, la senda no ofrece ya mucha pérdida, ésta se desarrolla por el fondo de un ancho valle que remata en un gran collado tras

Refugio Marqués de Villaviciosa en la Vega de Ario

el que asoma la cumbre redondeada del Jultayu. La parte alta de este valle se divide en varias canales. El camino sigue por la que asciende más a la izquierda, junto a las laderas de la Cabeza la Forma, cumbre tras la que se esconde el refugio.

Tiempo aproximado: 2 h 30 min desde Buferrera a la Vega de Ario.

Refugio de Vegavaño (1.320 m). Situado en la vega del mismo nombre, al final de la pista de tierra que sube desde Soto de Sajambre hacia el interior del Macizo Occidental (León). Propiedad de la Federación Castellano-Leonesa de Montañismo. Abierto en verano con servicio de cocina. 25 plazas en varios dormitorios con literas. Vegavaño es accesible en automóvil (preferiblemente todo-terreno), pero la entrada a la vega misma con el vehículo está impedida.

II-b) ACCESOS AL INTERIOR DEL MACIZO OCCIDENTAL

Los límites este y oeste de El Cornión están constituidos por largas y escarpadas canales que caen hasta el fondo de las gargantas del Cares y del Dobra. Así pues, las entradas al macizo por cualquiera de estas dos vertientes son siempre penosas y con frecuencia peligrosas a causa de la naturaleza del terreno. Los accesos más rápidos y sencillos son los de las vertientes septentrional y meridional.

Por el norte, la carretera de acceso a Covadonga se prolonga doce kilómetros más y en un espectacular trazado alcanza Los Lagos, desde donde es posible entrar en el macizo por distintas rutas, todas ellas fáciles y cómodas, dada la altura de la que se parte (1.106 m). Las aproximaciones hacia el interior del macizo desde este punto se pueden ver en el apartado anterior (acercamiento a los refugios de Ario y Vegarredonda).

En el lado sur la única posibilidad de entrada al macizo que puede considerarse como normal es la que ofrece la Canal del Perro, accesible desde Soto de Sajambre o Soto de Valdeón por El Frade. En la primera parte de la ruta nº 2 ("Vega Huerta"), se pueden ver los detalles del itinerario a Vega Huerta partiendo de Soto de Valdeón.

Para llegar a Vega Huerta desde Vegavaño (ver Refugio de Vegavaño en el apartado anterior), bajar algunos metros siguiendo el arroyo que pasa por detrás del refugio para tomar un sendero que se inicia a la derecha, por debajo de un cercado de madera. El camino se interna en el bosque atravesando horizontalmente las laderas que se descuelgan del Pico Jario. Así, sin apenas ganar altura, se llega al Río Dobra.

Cruzar el río y pasar a la vertiente de Cuesta Fría. El bosque en esta parte es muy denso y el camino puede perderse con facilidad. Una buena referencia es el roblón que se encuentra en los primeros metros de la cuesta. El grueso tronco de este viejo ejemplar conocido como "El Roblón de Cuesta Fría", destaca entre las hayas que le rodean.

El Camino, a veces imperceptible a causa del tapiz de hojas que suele cubrir el suelo, gana altura diagonalmente al principio hasta cruzar un arroyo. Después asciende en zigzag para llegar al Collado del Cueto (fuente un poco antes del collado). Allí nos despediremos ya del bosque con dos hermosos ejemplares de serval.

Subir directamente entre altas xiniestas hasta un primer collado visible a la izquierda. Al otro es ya visible la Canal del Perro entre las dos escarpadas cumbres de los Altos del Verde y Los Moledizos. Abajo también es visible una pequeña cabaña de ICONA. Continuar por un sendero que gana altura por el lado derecho (E) de la loma para ganar una collada más alta, la Collada del Frade. Para ver el resto del camino hasta Vega Huerta, ver las indicaciones a partir del *Collado de El Frade* en la Ruta nº 2, página 56.

Todos los demás accesos son sin duda más duros, debido principalmente al fuerte desnivel que hay que salvar. Se trata, en su mayoría de canales extremadamente pendientes y largas en las que en algún momento se encuentran escarpes

Accesos al interior del macizo

De izquierda a derecha Los Altos del Verde, Los Moledizos, Cdo del Frade, Peñón de la Iglesia y El Abedular

que cortan el paso directamente. Esto es lo que las hace potencialmente peligrosas en el descenso si no se conocen previamente. Los escarpes no se ven desde lo alto y en algunas no es fácil dar con el paso o "sedo" que los resuelve, en particular cuando aparece la niebla.

En las páginas siguientes se describen brevemente otros valles, canales y sedos que también pueden utilizarse para acceder al interior del Macizo Occidental. Algunos de ellos hoy son totalmente desaconsejables al no quedar apenas rastro de los viejos senderos que antes los recorrían.

CANALES DE LA VERTIENTE DEL CARES

CANAL DE LA RAYA

Constituye la segunda opción para acceder a Ostón. Es más directa que la de Culiembro y por tanto mas pendiente también. Actualmente no se usa en absoluto y la vegetación obstruye el paso en varios puntos de la canal.

CANAL DE CULIEMBRO

Esta canal representa sin duda el mejor acceso al sector NE de El Cornión partiendo de Puente Poncebos. Su reseña se puede ver con detalle en la ruta nº 7 ("Ruta de las Majadas"), página 76.

CANAL DE TREA

Una de las canales más populares del macizo. Es recorrida constantemente por los montañeros para acceder a la Vega de Ario desde el fondo de la Garganta del Cares, aunque lo más frecuente es que se haga en sentido contrario; osea, bajando de Ario. Así es como se describe en la ruta nº 6, página 72.

CANAL DE LA TEJA

Se trata de una variante que alcanza la Canal de Trea en su mitad a través del Collado del Torno. Hoy no se utiliza y apenas queda rastro del antiguo camino que la recorría.

CANAL DE LAS HOJAS

Parte directamente de Caín y asciende hasta debajo del Jultayu. Terreno muy pendiente con pasos delicados sobre hierba. Su utilidad es dudosa desde el punto de vista montañero.

CANAL DE LA JERRERA Y CANAL DEL PINO

La Canal de la Jerrera y su variante superior a la izquierda, la Canal del Pino, son dos de los entradas más acrobáticas del macizo. Su recorrido a partir de Caín se describe en la ruta nº 5 ("Sedos de Oliseda"), página 68.

Canales de Mesones (izq) y de la Jerrera (der) desde Caín. Al fondo Piedra Lengua y Peña Blanca

CANAL DE MESONES

Otra de las grandes canales de El Cornión, fuertemente repetida. Los detalles del itinerario para recorrerla en sentido descendente se pueden ver en la última parte del la ruta nº 4 ("Jou Santu"), página 64.

CANAL DE CAPOZO

Es la segunda posibilidad para alcanzar Vega Huerta desde Valdeón, aunque de una forma más penosa que por la Vega de Llós y la Canal del Perro. El recorrido de esta canal, en sentido descendente, forma parte del circuito que se propone en la ruta nº 2 ("Vega Huerta"), página 56.

CANAL DE PAMBUCHES

Esta canal alcanza directamente la Horcada del mismo nombre por la vertiente de Valdeón. Es útil para realizar la ascensión a las Torres de Arestas y cumbres vecinas y no presenta apenas complicaciones. Su ascensión es evidente, ya que se realiza directamente sin otra dificultad que la de superar el fuerte desnivel.

Tiempo aproximado: de Posada de Valdeón a la Hda de Pambuches 2 h 15 min.

SEDO DEL GATO

Aunque mucho mas duro que el camino de Pambuches, es una forma directa de alcanzar el Hoyo del Bufón para una rápida ascensión a la Bermeja. Fácil trepada en el sedo.

Tiempo aproximado: 1h de Posada de Valdeón al Cdo de Pambuches.

CANALES DE LA VERTIENTE DEL DOBRA

VALLE OZANIA

Es la entrada más importante al macizo desde las praderías de Angón. El recorrido de este valle, entrando por los "Sedos de Ozania" o por su variante superior, la Muda de Ozania, se describe en la ruta nº 1, página 50.

SEU DE TEYERES

Este paso era el más utilizado antiguamente para acceder desde Angón a los Puertos de Ordiales. El camino atravesaba las inclinadas "playas" que dominan las Praderías de Angón en un aéreo trazado, a través de los Collados de Teyeres, La Roble y Carbucedo. Desde este último collado, alcanzaba la Majada de Teyeres, cerca ya del popular Seu.

Otra forma más directa de ganar el Seu de Teyeres, es ascendiendo la Playa de la Cueva Oscura y por el estrecho Canalón de Tras la Cueva alcanzar la base del Seu. Ambas soluciones se han hecho hoy peligrosas al desaparecer el camino. Es más aconsejable, si se desea subir desde Angón a Ordiales, utilizar el Canalón del Texeu, ascensión que se reseña brevemente en la página siguiente. En todo caso no es aconsejable realizar estos itinerarios en sentido descendente sin conocerlos.

CANALON DEL TEXEU

Este estrecho y rectilíneo canalón asciende directamente hasta debajo del Pico Cotalba con dos posibles salidas: una a la derecha, hacia Ozania por la Boca de les Albarques y la otra a la izquierda, hacia Teyeres. Para este recorrido no está de más llevar una cuerda para casos de "enrisques" involuntarios.

Itinerario: Una vez cruzado el Puente del Restaño abandonar la pista para ir hacia la izquierda en dirección a un bosquecillo abierto de hayas. A través de este bosque, de fuerte pendiente, se gana el Collado del Canalón, desde el cual ya se da vista al Canalón del Texeu en casi toda su longitud. Se evita así la parte baja del mismo que cae casi en vertical por la derecha.

Perder unos metros desde el mencionado collado y atravesar un pequeño prado (La Llampiella) para entrar en el canalón, el cual hay que remontar hasta llegar a un pequeño circo por el que cae una cascada a la izquierda. Subir y torcer totalmente a la izquierda de esta cascada para trepar un tramo corto pero delicado de rocas rotas. Se accede así a Los Cascayales, una "playa" muy inclinada y colgada por encima del Canalón del Texeu. Atravesar esta playa ascendiendo en diagonal hacia la izquierda (este tramo puede ser peligroso si se encuentra la hierba resbaladiza).

En el extremo superior de los Cascayales, virar hacia la derecha y subir directamente hasta encontrar los restos de un antiguo camino que atravesaba desde la Majada de Teyeres a la Boca de les Albarques. Allí cerca se encuentra la Fuente del Cascayal, y más a la derecha, en dirección a Les Albarques, hay otra fuente, La Villa, que es la que da origen a la cascada que vimos más abajo.

Desde este punto se pueden alcanzar tanto el Seu de Teyeres como la Boca de les Albarques en unos 35 min. También es posible ganar la Boca de les Albarques ascendiendo directamente por El Canalón desde el pequeño circo de la cascada. En este caso hay que superar unos 40 m casi verticales de II grado de dificultad sobre hierba.

Tiempo aproximado: Entre 2 y 3 h del Restaño al Seu de Teyeres.

SEU LA ARMADA

Difícil y comprometido paso por la canal del mismo nombre hacia el Collado de la Vergonza, hoy desaconsejable al haber desaparecido todo rastro de camino.

SEU LA PIEDRA

Este itinerario, al igual que el anterior, apenas se utiliza, e incluso en los mejores tiempos del pastoreo, sólo subían por él los más atrevidos. Se trata de una serie de largas y aéreas fisuras sobre roca viva, casi una escalada, que parten del Requexu de Cedreu diagonalmente hacia la izquierda para alcanzar el Corte Berezosu.

Todavía se podrían incluir en esta relación muchos otros sedos o pasos fuera de lo común que los pastores más antiguos habían descubierto y usaban en sus desplazamientos, pero hacerlo alargaría innecesariamente esta guía, que sólo pretende servir de ayuda a los fines normales del excursionismo de montaña.

II-c) CUMBRES PRINCIPALES DEL CORNION (ASCENSIONES)

Son muchas las cotas que se pueden considerar "cumbre" en El Cornión. Sin embargo, la mayoría no son más que simples elevaciones de escaso interés para el montañero. En este apartado se describen las rutas normales de ascensión a las cumbres más importantes del macizo, dedicando una atención mayor a aquellas que pueden considerarse más representativas (1).

El orden en que van apareciendo es más o menos geográfico de NO a SE, agrupadas por zonas según el acceso a las mismas. A continuación del nombre de la cima va la altitud y unas siglas que se refieren a su grado de dificultad, de acuerdo con la tabla de la página 12. Las ascensiones más fáciles, que no llegan al primer grado de dificultad (F), no llevan sigla. El color (verde, azul o rojo) se refiere al nivel de dificultad de la ascensión con arreglo a lo que se comenta en el apartado I-e), página 12.

PORRU BOLU 2.025 m AD inf

Trepar por cualquiera de las dos canales que se abren en los laterales este y oeste del risco (más fácil la del este, II y III-). Se alcanza de este modo una estrecha brecha situada a pocos metros de la cumbre del Porru Bolu, entre éste y el Porru La Mayada. Desde la brecha, escalar un muro de difícil aspecto con ligera tendencia hacia la izquierda (IV) y luego más o menos por la cresta alcanzar la cima (III). Son dos largos de cuerda de 50 m cada uno. Para el descenso rapelar hasta la brecha y luego destrepar o rapelar de nuevo hasta la base de la canal.

Tiempos aproximados: 1 h de Vegarredonda a la base. 50 min de la base a la cima. Del refugio a la cima, ida y vuelta, 3 h 30 min.

EL REQUEXON 2.174 m PD inf

El Requexón es la primera y más característica cumbre del largo cordal que se prolonga desde las Cebolledas hasta la Mecedura de los Ríos, siguiendo una dirección NO. Su silueta es inconfundible gracias a su individualizada situación entre dos anchas horcadas, la del Requexón y la de Les Merines.

Todos sus flancos son difíciles, y en especial su cara norte, que con más de 200 m de extrema verticalidad presenta el aspecto de un muralla infranqueable. Sólo una vía de ascensión surca esta compacta pared, la cual aprovecha un sistema de fisuras-chimeneas que la rayan por el centro.

La ruta más sencilla para alcanzar la cima de El Requexón es la que sigue su arista oriental, partiendo del Collado Les Merines.

---

(1) Otras cumbres características de El Cornión, pero de menor dificultad que las seleccionadas en esta publicación, se describen en la guía "PICOS DE EUROPA, Ascensiones y Travesías de Dificultad Moderada", del mismo autor, y están señaladas en el mapa en negrita y con un asterisco a la izquierda.

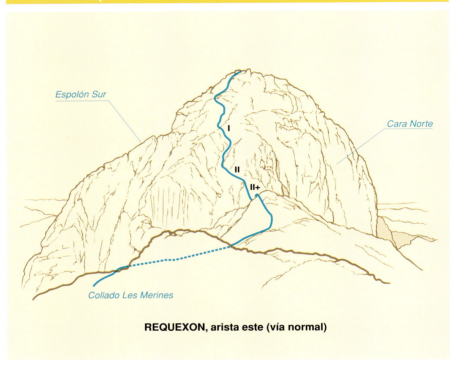

REQUEXON, arista este (vía normal)

`Itinerario:` Subir desde Vegarredonda hacia El Mosquil de Cebolleda por el Camino de la Llampa Cimera (Ver reseña de la ruta nº 3 página 60). Poco antes de llegar al Mosquíl de Cebolleda, cuando el camino inicia una serie de amplias revueltas para ascender hacia él, abandonarle y descender unos metros atravesando a la derecha por terreno rocoso para entrar en una canal que conduce al Collado Les Merines. Una vez en el collado, subir hacia El Requexón por el filo de la loma, evitando alguna pequeña cumbre por el lado del Jou Lluengu (S). Subir a la última de ellas y destrepar unos cuatro metros hasta una brecha, punto donde se inicia la trepada.

Escalar directamente desde la brecha hasta un bloque separado de la pared. Pasar por encima del bloque y atravesar horizontalmente hacia la izquierda para pasar a una especie de nicho al comienzo de una canal. Trepar por esta canal otros 20 m y pasar a la izquierda a una zona ya más tumbada de gradas. Ascender sin dificultad siguiendo estas gradas siempre con tendencia a la izquierda para desembocar en la cumbre tras una última y corta canal.

Tiempos aproximados: 45 min del Collado Les Merines a la cumbre; desde Vegarredonda, ida y vuelta, 4 h.

La esbelta cumbre del Requexón al atardecer desde las proximidades a la Horcada de Santa María

TORRES DE CEBOLLEDA 2.445 m PD

Se trata de tres magníficas cumbres que forman crestería al oeste de la Torre de Santa María. Su recorrido integral junto con esta última constituye una de las actividades de mediana dificultad más clásicas del macizo. Hacia el sur presenta una alargada muralla de excepcional roca en la que se han abierto algunos de los itinerarios de escalada más bellos del macizo. Pero la ascensión a su cumbre central por la vía normal, fácil y entretenida, puede ser suficiente para llenar una completa jornada montañera.

Itinerario: Desde El Mosquil de Cebolleda (ver reseña en la ruta nº 3, página 60 para llegar hasta este collado), subir directamente a una primera cumbre de pequeñas proporciones (ver foto de la página siguiente). Luego destrepar unos pocos metros atravesando, en ligero descenso diagonal por debajo de la cresta, hacia la vertiente del Jou Lluengu (SO) para acceder a una amplia grada de piedras sueltas colgada a media altura. Allí, dirigirse a la entrada de una importante canal que se abre entre la pared SO de la primera torre y un aéreo hombro que se separa de la misma. Remontar esta empinada canal, la cual apenas presenta dificultades, para ganar una especie de gran cornisa que se sitúa bajo la misma cumbre. Trepar los últimos metros a izquierda o derecha para alcanzar la primera o la segunda torre.

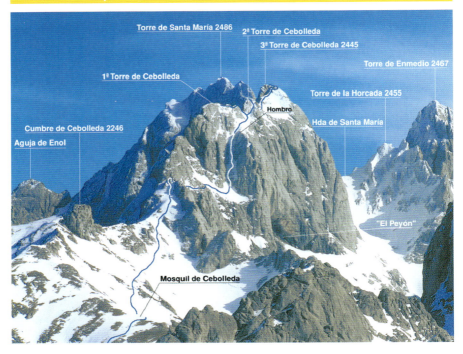

Para llegar a la tercera torre, la más alta de la tres, hay que destrepar a la brecha que la separa de la segunda torre y luego trepar un corto muro de cierta dificultad (IV) para el que es conveniente asegurarse con la cuerda.

El descenso desde esta última cumbre es mejor efectuarlo por la arista opuesta mediante rapeles. Así se hace una interesante travesía que terminaría en el Forcau de Gua y Horcada de Santa María, o alargarla aún más hasta la Torre de Santa María escalando su arista oeste, posibilidad esta última que por su mayor dificultad (IV+), se sale un poco de las pretensiones de esta guía. La travesía sólo hasta la Horcada de Santa María, se puede catalogar como D inf.

Tiempos aproximados: Se debe contar con 1 h 30 min para la ascensión, ida y vuelta, desde el Mosquíl de Cebolleda. Tiempo total aproximado desde Vegarredonda ida y vuelta 5 h 30 min. 1 h más para la travesía hasta el Forcau de Gua.

TORRE DE SANTA MARIA 2.486 m PD sup

Se trata de la segunda cima del macizo en altitud y también por la belleza de sus líneas. Desde diversos puntos del norte y en especial desde Los Lagos, es visible su característica pared norte con el nevero de «Cemba Vieya» en la base.

Montañeros llegando a la cima de la Torre de Sta María

La primera ascensión deportiva a esta torre fue la realizada el 19 de septiembre de 1891 por los franceses Paul Labrouche y Aymar d'Arlot de Saint Saud, durante un primer reconocimiento de la Torre Santa de Castilla. La vía de ascensión que utilizaron fue probablemente la de la grieta de rocas rojas, «Grieta Rubia», que destaca en su pared sur y que es la que se puede considerar como la vía más normal para acceder a la cumbre. Otra vía de dificultad similar es la que asciende diagonalmente, desde el nevero de Cemba Vieya hasta la brecha E, atravesando toda la cara. Las únicas dificultades de esta vía se encuentran en el nevero mismo y en las primeras rocas una vez abandonado éste. El primer recorrido conocido de este itinerario de la cara norte fue el efectuado el día 4 de octubre de 1907 por Pedro Pidal, Marqués de Villaviciosa de Asturias, conocido montañero conquistador del Picu Urriellu junto con «El Cainejo». Pidal descendió por el corredor diagonal de la cara N tras haber subido a la torre por el espolón N. Este es el motivo por el cual esta vía, que dada su orientación constituye una interesante actividad invernal, se conoce con el nombre de «El Corredor del Marqués».

El itinerario de ascensión que aquí se describe es el normal o de la "Grieta Rubia", pero una actividad interesante puede ser el utilizar las dos rutas mencionadas, una para el ascenso y la otra para el descenso. El desnivel aproximado de la Horcada Santa María a la cima es de unos 120 m, pero el desarrollo de la vía es muy superior, ya que asciende prácticamente en espiral rodeando la montaña. En la Grieta Rubia es preciso prestar atención a las posibles caídas de piedras originadas por los compañeros que vayan delante.

TORRE DE SANTA MARIA
Vertiente del Jou Santu

Itinerario: Desde Vegarredonda seguir las indicaciones de la ruta nº 3, página 60 para llegar al Mosquil de Cebolleda. Una vez allí seguir el camino que sin desviarse conduce hasta la misma horcada por debajo de las paredes meridionales de las Torres de Cebolleda. Descender unos 50 m hacia el Jou Santu para trepar un corto muro de buenos agarres en forma de escalones situado debajo de una zona de desplomes (II y II+). En lo alto del muro existe una instalación de rapel prevista para facilitar el descenso. Una vez superado este primer obstáculo se alcanza a la derecha un sistema de cornisas que se han de seguir en ligero ascenso diagonal hacia la derecha. De este modo se llega a la base de la Grieta Rubia. Trepar a todo lo largo de esta canal buscando el paso más lógico, normalmente por la derecha (pasos de II grado aislados) y ganar en lo alto un colladín por el que se pasa a la vertiente norte de la montaña. Rodear por el norte una pequeña torre para quedar situados, tras ella, en la base de una canal de unos 20 ó 30 m que se trepa sin apenas dificultad (II) hasta una brecha. Sólo quedan unos 30 m por la cresta para llegar a la cima.

Tiempos aproximados: 2 h 30 min de Vegarredonda a la Horcada Santa María. En la vía se puede invertir una hora. Tiempo total desde Vegarredonda, ida y vuelta, 5 h 30 min.

TORRE DE ENMEDIO 2.467 m PD

Descender algunos metros desde la Horcada de Santa María hacia el Jou Santu y entrar a la derecha en una especie de canal de rocas rotas. Trepar directamente por esta canal para alcanzar la collada que se sitúa entre la Torre de la Horcada y la de Enmedio. Una corta pendiente pedregosa orientada al NO, conduce sin dificultad a la cima (ver croquis de la página anterior).

Tiempo aproximado: 45 min desde la horcada a la cumbre; desde Vegarredonda, ida y vuelta, 5 h 20 min.

TORRES DE LAS TRES MARIAS 2.420 m PD sup

La cumbre meridional de esta triple torre, la más elevada, se alcanza sin demasiados problemas desde el collado que la separa de El Torco, por tanto su ascensión coincide en parte con la de la mencionada torre. Desde el collado, situarse sobre un pequeño hombro y escalar directamente un aéreo espolón de unos 50 metros de altura (II+ y III-) que conduce a la cima.

La torre central, de una dificultad similar, se alcanza rodeando la cumbre sur por la vertiente de Las Pozas (O) para ganar la base de un espolón de canalizos. Escalar este espolón (II y III) y crestear hasta la cima. La última torre ya plantea mayores problemas.

Tiempo aproximado: 1 h 15 min desde el Jou Santu a la cima; desde Vegarredonda, 7 h entre ida y vuelta.

En la Horcada entre El Torco y las Torres de las Tres Marías. Detrás del montañero se ven las cumbres de las Tres Marías y tras ellas La Torre de Enmedio

LA TORREZUELA 2.322 m PD

La manera mas fácil de ganar el punto culminante de la arista que constituye la cumbre de La Torrezuela, es recorriendo dicha arista a partir de la Horcada del Alba. Esta alta collada, situada al este, es el punto de unión de La Torrezuela con el nucleo principal a la altura de la Torre de Enmedio. La arista es aérea, pero fácil (II). Su estilo es semejante al de la arista NO de la Robliza, pero menos expuesta que aquella.

Tiempo aproximado: Unos 40 min para la escalada; 5 h 30 min aproximadamente desde Vegarredonda, ida y vuelta.

TORRE DEL TORCO 2.452 m PD sup

Al noroeste de la Torre Santa de Castilla y separada de ésta por La Forcadona se encuentra este llamativo torreón. Su aspecto es el de un gran monolito que recuerda desde determinados ángulos al popular Pico Urriellu. Es sin duda una de las montañas más atractivas de cuantas rodean al Jou Santu.

A pesar de que las verticales paredes de El Torco son de una caliza de excelente calidad, todavía no se han abierto muchos itinerarios de escalada sobre ellas.

Ascensiones

La vía más difícil discurre por la pared O, de unos 300 m de desnivel, que se eleva por encima del Hoyo Las Pozas, mientras que la más fácil parte del Jou Santu, en la vertiente opuesta. Se trata de una ascensión sin apenas complicaciones y muy gratificante tanto por el ambiente en que se desarrolla como por la panorámica que se obtiene desde la cima. El desnivel aproximado es de unos 200 m desde donde se comienza a trepar hasta la cima.

Itinerario: Acercarse desde Vegarredonda al Collado del Jou Santu siguiendo las indicaciones de la Ruta nº 4, página 64. Para llegar a la base de la torre, desde el Collado del Jou Santu seguir durante unos metros el camino que se dirige hacia la Torre Santa de Castilla y dejarle, antes de que éste empiece a subir, para atravesar hacia la derecha perdiendo algo de altura. Remontar después por un terreno extremadamente caótico en el que es preciso trepar de vez en cuando. Lo mejor es dar un pequeño rodeo por la izquierda, evitando así la línea directa hacia El Torco, donde las franjas rocosas y resaltes son más importantes.

La vía asciende por una marcada canal-chimenea que baja por el lado derecho de la cumbre, y en cuya base suele haber un nevero hasta bien entrado el verano. Una vez alcanzado este nevero, remontarlo a todo lo largo y entrar en la canal, por la que se asciende fácilmente hasta llegar a un primer resalte (II). La trepada por el fondo de la canal es fácil, pero se debe cuidar el no tirar piedras a los compañeros

La Torre del Torco desde La Boca del Jou Santu (interpretación toponímica en la página siguiente)

EL CORNION

Picos de Europa

El Torco
Torres de las Tres Marías
Canal-Chimenea
La Forcadona

TORRE DEL TORCO
Vertiente del Jou Santu

que progresan más abajo. Si se utiliza la cuerda para asegura la escalada, se pueden montar reuniones bien protegidas de los impactos en el lateral derecha de la canal.

Quedan otros tres resaltes más, el primero parecido al ya superado, el siguiente, un poco más importante, se salva por unos profundos canalizos a su derecha (III-) y el último ya más fácil que desemboca en la horcada. En total son unos 90 m que se pueden asegurar en tres largos de cuerda.

Desde la horcada sólo quedan otros 80 m de ascensión por una cómoda canal de piedras sueltas que conduce a una aérea terraza colgada en la vertiente oriental del pico, sobre el Jou Santu y desde la que es ya posible contemplar una hermosa vista de la Torre Santa. Desde esta terraza, una fácil y corta trepada conduce sin problemas a la cumbre.

Tiempo aproximado: 1 h 25 min desde el Cdo del Jou Santu a la cima; 2 h de Vegarredonda al collado. Tiempo total, ida y vuelta desde Vegarredonda, 6 h 15 min.

TORRE DE LA CABRA BLANCA 2.320 m PD sup

Una de las vías mas fáciles, y a la vez elegante, para acceder a esta esbelta cumbre es la que sube por la característica cornisa que raya diagonalmente su cara norte, la cual arranca en el Hoyo Las Pozas. Se ha de recorrer la mencionada cornisa hasta que ésta se extingue en la arista NO de la montaña. Trepar entonces por dicha arista hasta la cumbre (pasos de II).

Tiempo aproximado: 1 h 20 min para la ascensión. 8 h desde Vegarredonda, ida y vuelta (ver reseña del acercamiento en la ruta nº 3, página 60).

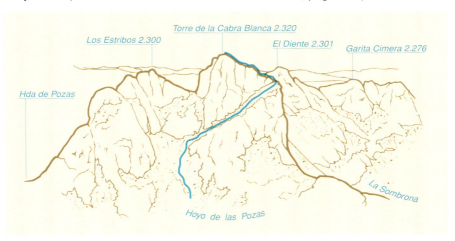

TORRE SANTA DE CASTILLA 2.596 m AD inf

La Torre Santa de Castilla o Peña Santa de Castilla, como también se la conoce, es una de las cumbres más altas de los Picos de Europa y también una de las de mayor interés alpinístico. Su superioridad con respecto a las otras cumbres de El Cornión queda patente cuando se la contempla a lo lejos, desde diversos puntos de la Cordillera o desde el Macizo Central. La estructura de la Torre Santa es la de una gran montaña, formando una larga crestería que desde Los Basares hasta la Aguja del Corpus Christi, de este a oeste, recorre algo más de dos kilómetros.

En su impresionante muralla sur, de unos 600 m de altura, se han abierto numerosos itinerarios de escalada, entre los que figuran algunos de los más difíciles y bellos de Los Picos de Europa (Manantial de la Noche, Rescate Emocional, etc). La vertiente opuesta, la septentrional, que se extiende sobre la triple depresión del Jou Santu, ofrece más facilidades. Toda ella está constituida por espolones entre los que se abren rectilíneas canales que alcanzan distintas brechas en la larga crestería cimera. Estas canales son en verano las vías de ascensión más fáciles. La más occidental de ellas, la Canal Estrecha, es la que se considera como vía normal.

La primera ascensión a la Torre Santa de Castilla fue realizada el día 4 de agosto de 1892 por los franceses François Salles y Paul Labrouche, junto con un cazador nativo de la región llamado Vicente Marcos. La ruta que siguieron no fue exactamente la de la Canal Estrecha, puesto que iniciaron su escalada en Vega Huerta. De su relato se deduce que siguieron más bien la vía hoy conocida como de "Los Llastrales", de parecida dificultad, pero mucho más larga y compleja.

El desnivel aproximado de la Canal Estrecha es de unos 350 m del ataque a la cima. El desarrollo de la escalada es muy superior, dado el largo flanqueo que hay que efectuar en la parte alta, en el que apenas se gana altura.

Cara NO de la Torre Santa vista desde la Cumbre del Torco

El recorrido no presenta demasiadas dificultades técnicas, pero es largo y no está exento del peligro a causa de la posible caída de piedras originada por los propios compañeros de ascensión. Las llambrias en el flanqueo final son expuestas.

Itinerario: Para llegar al Jou Santu seguir las indicaciones de la ruta nº 4, página 64. Luego atravesar el jou y ganar altura por llambrias y pedreros hasta la entrada de la Canal Estrecha. Una vez en la base de la Canal Estrecha, en un pequeño anfiteatro encerrado entre paredes verticales, hay que alcanzar la entrada de la canal, que se sitúa a unos 30 m por encima. Para ello, trepar por los canalizos del lado izquierdo durante unos 15 m y atravesar a la derecha siguiendo una vira que conduce a la entrada de la canal (pasos de II y alguno aislado de III). La canal se bifurca al

Ascensiones

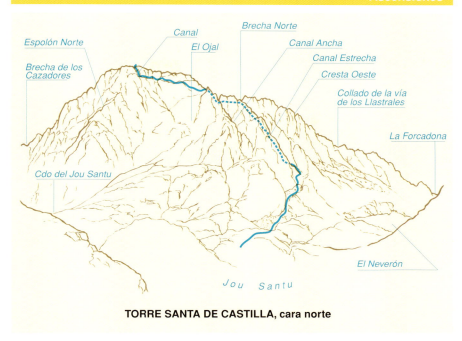

TORRE SANTA DE CASTILLA, cara norte

poco de entrar en ella. Dejar el ramal de la derecha, conocida como la «Canal Escalonada», y seguir por la de la izquierda, más evidente, pero obstruida por un resalte que hay que escalar (III y III+). Ahora sólo queda seguir por el fondo de la canal a todo lo largo, escalando algún que otro resalte o bloque que corta el paso. Son pasajes de entre 3 y 8 metros de altura bastante verticales, pero con muy buenos agarres (II y III-).

Al llegar a la Brecha Norte, hay que descender algunos metros diagonalmente hacia la izquierda para alcanzar un pequeño espolón que cae hacia el lado sur de la montaña. Escalar un corto muro vertical con muy buenos agarres para ganar el filo del mencionado espolón y seguir por el mismo hasta una nueva brecha de rocas amarillas, más pequeña que la anterior (unos 50 m de II y III-). A través de esta brecha se pasa de nuevo a la cara N, la cual hay que atravesar casi en horizontal bajo la cresta cimera durante unos 150 m. En esta larga travesía se deben seguir una serie de aéreas viras y cruzar inclinadas llambrias sobre un vacío impresionante (pasos aislados de II+). Para orientarse en el mejor itinerario a seguir, existen de vez en cuando pequeñas marcas de pintura amarilla. Se llega así a la entrada de una corta canal que sin dificultad desemboca en la cumbre.

Tiempo aproximado: 1 h 50 min del Jou Santu a la cima. De Vegarredonda al Jou Santu unas 2 h 15 min. Tiempo total desde Vegarredonda, ida y vuelta, 7 h.

TORRE DE LA CANAL PARDA 2.350 m F

Tanto desde esta cumbre como desde su vecina, la Torre del Alba, se contempla una espléndida panorámica de toda la vertiente norte de la Torre Santa de Castilla. Su ascensión no ofrece apenas problemas. Partiendo del Jou de los Asturianos, subir por las fáciles laderas NO de la torre y entrar en una canal irregular con algunos resaltes de escasa dificultad.

Tiempo aproximado: 25 min para la ascensión desde el Jou de los Asturianos a la cima; 5 h desde Vegarredonda, ida y vuelta (ver la primera parte de la ruta nº 4, página 64, para el acercamiento al Jou de los Asturianos).

TORRE DEL ALBA (O DE LOS TRAVIESOS) 2.390 m

Desde el Jou de los Asturianos, ascender hasta el collado que se abre entre el Pico de los Asturianos y la Torre de la Canal Parda. Atravesar el collado y cruzar horizontalmente a la derecha por encima del Jou de la Canal Parda, situado al otro lado. Se llega así sin apenas perder altura a la base de la amplia y fácil ladera occidental de la torre, la cual se asciende en pocos minutos.

Tiempo aproximado: 45 min para la ascensión desde El Jou de los Asturianos a la cima; desde Vegarredonda, ida y vuelta, 5 h 45 min (ver acercamiento al Jou de los Asturianos en la primera parte de la ruta nº 4, página 64).

TORRES DE LOS CABRONES (O CABRONES DE PEÑA BLANCA) 2.290 m F

Este basto grupo de cumbres y la de su vecina, La Verdelluenga, se alcanzan sin apenas dificultad desde el Collado Los Tiros, situado entre La Verdelluenga y unas pequeñas torres que separan a las dos cumbres citadas (Cabrones y Verdelluenga).

Punto de ataque: Vega de Aliseda. Acercarse a esta vega desde Ario (1 h, ver ruta nº 8, página 80) o desde el Lago La Ercina por la Majada del Toyellu y los Joos de Carbanal (2 h 30 min).

Desde Aliseda, subir directamente por las Llombas de Aliseda hacia el Collado Los Tiros, visible a la derecha de la Verdelluenga, cumbre que domina a la vega desde lo alto. Las Llombas de Aliseda pronto se extinguen entre el roquedo y hay que pasar a un valle más a la derecha (S) en el que deben sortearse numerosos bloques. Luego se entra en una fuerte pendiente herbosa que desemboca directamente en el Collado Los Tiros. Continuar hasta el mismo collado si se pretende escalar La Verdelluenga, pero si se va directamente a Los Cabrones no es necesario alcanzarle. Antes de llegar a Los Tiros, atravesar a la derecha, por debajo de las pequeñas torres antes mencionadas y alcanzar otro collado un poco más alto situado contra la primera torre de los Cabrones. De allí parte una ancha canal pedregosa que en pocos minutos conduce a la cima.

Tiempo aproximado: 1 h desde la Vega de Aliseda al pie de la canal; para la ascensión desde el collado a la cima unos 15 min. Tiempo total desde el Lago La Ercina, ida y vuelta, 7 h.

ROBLIZA 2.227 m AD inf

El increíble emplazamiento de esta cumbre en el borde oriental del macizo, muy por encima de las profundidades de la Garganta del Cares, la convierte en uno de los miradores más impresionantes de todo El Cornión.

La Robliza no ofrece grandes paredes para los escaladores, aunque existen un par de rutas de mediana dificultad abiertas en sus más abruptos flancos. Sin embargo, posee el aspecto de una cumbre inaccesible y la ascensión por su espectacular y aérea arista NO no está exenta de emociones. En todo caso es una de las actividades más recomendables de El Cornión.

El desnivel aproximado del ataque a la cima es de unos 170 m de desnivel, pero el recorrido es algo superior, ya que discurre casi horizontalmente. La escalada no es muy difícil técnicamente, pero si expuesta y algo peligrosa a causa de la calidad dudosa de la roca en algunos tramos. No resulta fácil asegurar la progresión con empotradores, por lo que es recomendable, si se hace la ascensión en cordada, llevar alguna clavija. Esta vía y la de la Torre Santa, son dos de las rutas más difíciles que se describen en la guía sobre el El Cornión. Las dos son de un nivel similar, pero aunque los pasos son más difíciles técnicamente en la Torre Santa, en la Robliza éstos son más mantenidos y el itinerario es más expuesto en general.

Punto de ataque: Collado Llambredas, al que se accede desde la Vega de Ario por la Boca del Joon y atravesando El Joon. Se puede evitar perder altura en El Joon rodeando La Verdelluenga por el O para llegar al collado mencionado en la ascensión a las Torres de los Cabrones, un collado innominado situado más al sur del Collado de los Tiros. Desde este collado, bajar unos metros hacia El Joon y atravesar por debajo del espolón rocoso que desciende de la primera torre de los Cabrones hacia El Joon. Este espolón se prolonga hacia muy abajo en una barrera rocosa difícil de flanquear. El mejor paso está en el punto más alto de la barrera, justo donde se une al espolón mencionado. Allí hay que atravesar una llambria y destrepar hacia el otro lado una especie de canal. Unos metros más abajo existe otra posibilidad consistente en una aérea e impresionante cornisa que atraviesa horizontalmente la pared. Luego sólo resta atravesar el pedrero y ganar el Collado Llambredas.

Itinerario: Del collado, recorrer la primera parte de la arista sin ninguna dificultad hasta una primera brecha desde la cual es necesario ya escalar. A partir de aquí, la arista comienza a ganar altura haciéndose cada vez más aérea. Es el momento de encordarse si se desea tomar esta precaución.

La arista es afilada y por el lado derecho (S) cae a pico sobre el Hoyo de la Robliza. Es el flanco norte, menos vertical, el que ofrece mejores posibilidades de ascensión. Escalar casi siempre por el filo de la arista evitando por el lado izquierda (N) los tramos más comprometidos de la misma. Se van alcanzando de cuando en cuando algunas brechas o pequeñas repisas donde descansar o montar las reuniones si se va en cordada. En el último tercio hay que dejar por un momento la arista para rodear por la izquierda un resalte un poco más vertical y expuesto. En este punto, también podría salirse hacia la izquierda por una larga fisura con algo de hierba que

Picos de Europa

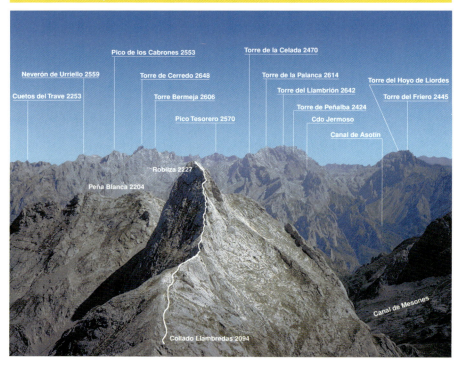

asciende diagonalmente por la pared norte, pero la mejor solución es desviarse de nuevo a la derecha para retomar la arista y seguirla hasta la cima.

Las dificultades son variables según se progrese más o menos cerca de la arista, pero en general los pasos se mantienen en el II grado salvo en los puntos claves, donde la dificultad puede alcanzar el III.

Tiempo aproximado: 1 h 30 min para la escalada si ésta se hace en cordada. Para el descenso también se invierte un tiempo parecido. De la Vega de Ario al Collado Llambredas 1 h 50 min. Tiempo total desde Ario, ida y vuelta, 7 h.

PICO CUVICENTE 2.014 m F

La ascensión a esta cumbre puede ser un interesante complemento después de haber realizado la del Jultayu. Desde el collado situado entre los dos picos, ascender por la fácil ladera que lo domina sorteando algunos resaltes. Para llegar a la cumbre hay que efectuar un aéreo paso más impresionante que difícil.

Tiempo aproximado: 20 min desde el collado a la cima; desde el Refugio de Ario, ida y vuelta, 2 h 40 min.

Panorámica del Macizo Central desde la cumbre de la Verdelluenga. En primer plano La Horcada Arenizas

LA VERDELLUENGA 2.129 m PD inf

Seguir las mismas indicaciones que para la ascensión a la Torre de Los Cabrones. Una vez en el Collado Los Tiros ganar la cima en una fácil trepada a través de una corta canal (40 m, II).

Tiempo total aproximado: 7 h desde el Lago La Ercina, ida y vuelta.

II-d) TRAVESIAS SELECTAS EN EL CORNION

En El Cornión se combina el relajado ambiente de sus vegas y sus majadas, tan numerosas a media y baja altitud, con el áspero dominio del roquedo en las zonas más altas. Su gran variedad de paisajes es lo que hace que las excursiones en este macizo sean especialmente atractivas.

En este apartado se facilitan los datos precisos para efectuar algunas de las rutas más recomendables. Son travesías largas que se pueden hacer por sí solas o con el complemento de alguna ascensión a las cumbres que van quedando cerca del itinerario.

Ruta 1 — SEDOS DE OZANIA
circuito rodeando el cordal de la Cabra Blanca

Desde Amieva, los picos más altos de El Cornión ya se muestran en una espléndida vista, asomando tras la amplia escotadura de El Cueto de Angón. Pero es al remontar este collado cuando podemos contemplar una de las panorámicas más bellas del macizo. Las escarpadas torres de caliza clara contrastan con las bucólicas praderías que se abren bajo el collado en el curso medio del Dobra.

Aprovechar los pastos más altos que existen cerca de las cumbres, fue lo que llevó a desarrollar en las gentes de Amieva un particular instinto de escaladores. Sólo afrontando los más arriesgados sedos se puede superar la salvaje vertiente, que con cerca de mil metros de desnivel domina el Valle de Angón. Los Sedos de Ozania son sin duda los más representativos en este sentido y constituyen la entrada más directa desde el oeste hacia el corazón del macizo.

- **Desnivel aproximado:** 1400 m de subida y otros tantos de bajada. Hay que contar también con otros 200 m más que hay que superar en El Cueto desde Amieva.
- **Dificultad:** Largo recorrido por terreno abrupto sin senderos hasta la Horcada de Pozas y el posterior descenso hasta Carombo. Los sedos no son fáciles de encontrar y existe en ellos el peligro de caer. Podría ser útil llevar una cuerda para casos de enrisque involuntario.

En la parte más baja de Valdecarombo también se pueden encontrar algunas dificultades. Se trata, en suma, de uno de los itinerarios más comprometidos que se incluyen en este apartado.

- **Horario total aproximado:** Variable según la habilidad de cada uno en los sedos. Se puede estimar una media de unas 9 h 30 min. Prever otras 2 h 30 min entre ida y vuelta para la aproximación desde Amieva a la Central de El Restaño.
- **Punto de partida:** Central de El Restaño, en Angón. A este punto se llega desde Amieva por una pista que atraviesa la sierra por el Collado El Cueto. Tiempo para esta aproximación 1 h 15 min.

- **Itinerario:**

0,00 Puente de El Restaño. *Seguir todavía durante unos 10 min más por la pista hasta una amplia llanada, donde el valle se bifurca (Fuente Prieta). A la izquierda se ve ya el Valle de Ozania con una serie de barreras rocosas a media altura que parecen cerrar el paso. Recorrer el fondo plano del valle y entrar en una primera angostura, a la derecha de una cascada que cae de una surgencia próxima (es el nacimiento de Fuente Prieta).*

Enseguida se sale de esta «voluga» y el valle se ensancha de nuevo. También se puede alcanzar este punto por las traviesas de la izquierda, solución más interesante en el caso de que baje mucha agua por el fondo de la canal.

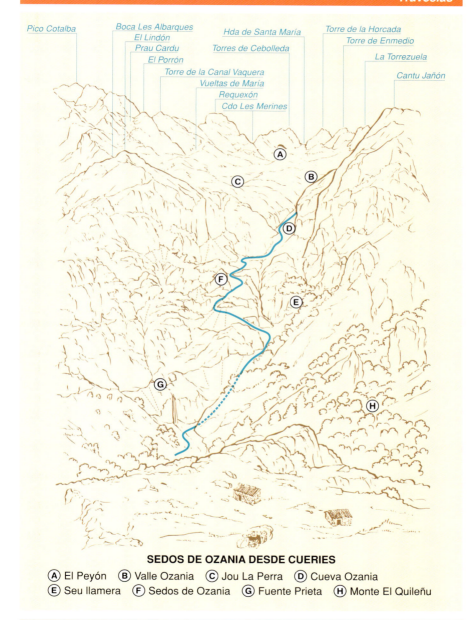

SEDOS DE OZANIA DESDE CUERIES

(A) El Peyón (B) Valle Ozania (C) Jou La Perra (D) Cueva Ozania
(E) Seu llamera (F) Sedos de Ozania (G) Fuente Prieta (H) Monte El Quileñu

Picos de Europa

Subir directamente hasta debajo de una primera muralla y torcer a la izquierda ascendiendo por encima de otra pared rocosa. Terreno herboso y muy inclinado que conduce al primero de los sedos. Éstos son tres pasos separados por pequeñas playas en las que conviene prestar atención debido a la casi total ausencia de caminos.

Una vez superado el último sedo, se sale a la parte alta de la canal atravesando a la derecha, un poco por debajo de la Cueva de Ozania, que se abre en la pared que limita la canal por la derecha. Hasta aquí también se puede llegar por el lado derecho de la canal, utilizando otro sedo bastante más difícil, el Seu Llamera, consistente en una rampa herbosa de gran inclinación.

2,00 Cueva Ozania. Ya sin complicaciones dignas de mención se sigue a todo lo largo el fondo de la canal hasta que ésta se va abriendo y se entra en la zona alta del valle, menos inclinada pero en la que comienza a dominar el roquedo.

2,25 Cuesta Cebolleda. Es una ladera un poco más libre de rocas en la que el ganado suele pastar en verano. Hasta aquí llegan las vacas a través de la Muda de Ozania, un alto collado que tenemos a la derecha y del que hablaremos en la variante que se reseña después de este itinerario.

Ascender a través de un terreno caótico y del que es difícil dar indicación precisa. La referencia más clara es La Torrezuela y la Torre de la Cabra Blanca, entre ambas cumbres se encuentra la Boca del Hoyo Las Pozas, punto al cual debemos dirigirnos.

3,35 Boca del Hoyo Las Pozas. Hermosa vista de este pequeño circo que presiden las Torres del Torco y de Las Tres Marías. Perder unos metros por la izquierda hasta tomar el senderillo que viene de Vegarredonda por el Mosquíl de Cebolleda y seguirle sin bajar al fondo del hoyo por el flanco izquierdo del mismo. Se alcanza así, tras cruzar otro pequeño jou algo más alto, la Hda de Pozas.

4,15 Horcada de Pozas. Es el punto más alto del recorrido, por lo que a partir de aquí comienza el largo descenso, primero hasta Carombo, luego a El Restaño.

Tomar el camino que baja por la izquierda atravesando el Pedrero de la Llerona, y seguir por él atravesando un espolón rocoso con un corto destrepe en el otro lado del mismo. Poco antes de la Aguja del Corpus Christi abandonar el camino que continúa hacia Vega Huerta y atravesar completamente a la derecha (O) por una zona de grandes rocas y llambrias en los que es preciso efectuar algunos cortos trepes y destrepes. Hay que subir ligeramente hasta una especie de hombro sobre el que se ve un hito. También se puede llegar hasta este hombro en línea recta desde la Horcada de Pozas, pero para ello hay que atravesar el jou, con la consiguiente pérdida de altura.

Pasar al otro lado del hombro para iniciar el largo descenso hacia Carombo. Ahora sólo resta bajar con tendencia siempre a la derecha a lo largo de interminables pedreros. Evitar la tendencia natural a descender directamente, ya que algo más abajo existe una larga depresión (La Duernona) con cortados difíciles de destrepar. El mejor paso está en el lado derecho del valle, al pie de las

Travesías

Torres de Enmedio y las Tres Marías desde el Jou Las Pozas

paredes que caen del Collado Viejo. Superado este primer escalón, atravesar de nuevo hacia la derecha (O) para continuar descendiendo todavía por pedreros hasta que éstos se extinguen en las laderas herbosas de Valdecarombo. El valle va tomando mayor pendiente y finalmente los resaltes de nuevo cierran el paso. Aquí hay dos posibilidades:

  • *Entrar en una sinuosa canal que se va estrechando hasta convertirse prácticamente en una fisura que cae en vertical sobre las majadas de Carombo. No entrar en esta última angostura y ganar un colladín unos 50 m a la derecha. Al otro lado de este collado el terreno es ya más accesible y fácilmente se alcanzan las praderías de Carombo.*

  • *La otra solución, indicada en el mapa, consiste en no bajar a la riega, sino atravesar hasta encima del colladín mencionado y por una especie de rampa diagonal hacia la derecha, no demasiado fácil de encontrar, destrepar hasta su altura haciendo pie así en las Llampas de Carombo.*

6,05 Carombo. *Ahora sólo queda bajar por el sendero que recorre toda la Garganta de La Jocica hasta Bellanzo. Este sendero apenas perceptible en algunos tramos va siempre bastante alto sobre el río, y conviene no perderlo, ya que de hacerlo no es cómodo salir de las angosturas de la presa hacia Bellanzo.*

7,20 Bellanzo. *Ya sin problemas seguir la pista que en repetidas revueltas desciende a Angón.*

8,25 El Restaño

Picos de Europa

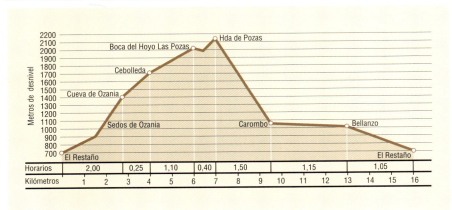

1a variante por El Abedulu y La Muda de Ozania

Existe otra posibilidad de llegar a los pastos de Ozania más fácil que la de Los Sedos. Ésta es la que sube por el lado de La Jocica y traspasa el cordal por la Muda de Ozania. Aunque más larga, esta es la solución que suelen emplear los pastores por ser la mas segura.

De Fuente Prieta, seguir por la pista de la presa hasta Bellanzo. Allí, dejar la pista y subir a la izquierda hasta Bellanzo de Arriba. Después, atravesar por Cuvellía (traviesa con numerosas cuevas a todo lo largo de la pared que la domina por encima), en la vertiente ya de La Jocica y bastante por encima de la presa.

Se llega a una especie de canal muy abierta que desciende de lo más alto del cordal. Ascender por esta canal siguiendo los restos de antiguos caminos que zig-zaguean de uno a otro lado de la misma. En una pradera horizontal y alargada, se encuentran las ruinas de una cabaña (El Abedulu). Continuar subiendo por la larga y dura pendiente hasta llegar a la altura del Canto Jañón. Entonces hay que torcer a la derecha y ascender en diagonal hasta alcanzar La Muda de Ozania, que es un collado bastante alto y apenas perceptible.

De La Muda, bajar por una canal con escarpes al principio y al final de la misma, y hacer pie en el Valle de Ozania a la altura de la Cuesta Cebolleda (2 h 40 min desde El Restaño).

Travesías

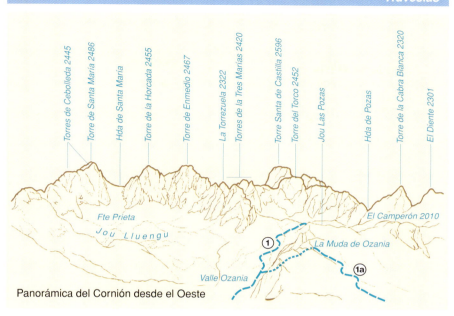

Panorámica del Cornión desde el Oeste

EL CORNION

Ruta 2 — VEGA HUERTA
circuito rodeando el sector de La Bermeja

Situada frente a la impresionante muralla sur de la Torre Santa de Castilla, la Vega Huerta es uno de los parajes más idílicos de los Picos de Europa, tanto por lo apacible de sus praderías como por la amplitud de panorámicas que desde allí se dominan. Vega Huerta es el punto de partida para escalar la pared más importante del macizo y punto de confluencia también de la mayoría de las rutas que lo atraviesan.

- **Desnivel aproximado:** 1.200 m de ascensión y otros tantos de descenso.
- **Dificultad:** Largo recorrido por senderos de montaña que se pierden en algún corto tramo de la subida (hitos en el Camino del Burro) y que llegan a desaparecer por completo en el descenso desde Vega Huerta hasta la mitad de la Canal de Capozo. Es en ese tramo donde pueden existir problemas si no se encuentra el camino de descenso para salir de la canal hacia el Monte Corona.
- **Horario aproximado:** 8 h.
- **Punto de partida:** Soto de Valdeón.
- **Punto de llegada:** Cordiñanes. El tramo de carretera entre este pueblo y Soto de Valdeón se puede hacer caminando en algo menos de 1 h para cerrar el circuito completamente.

- **Itinerario:**

0,00 Soto de Valdeón. *Desde la parte alta del pueblo, tomar un buen camino que asciende diagonalmente hacia la izquierda rodeando por el sur el Pico del Cuerno. Al poco se entra en un denso bosque en el que el camino se bifurca por varias veces, seguir siempre por el que sube a la derecha ganado altura.*

Fuera ya del bosque, se alcanza un primer collado (Cdo Bustillo) seguido de otro un poco más alto (Cdo Joto Berín).

0,50 Collado Joto Berín. *Una estrecha pista, proveniente del fondo del valle, asciende en varios zigzag, hacia la derecha del collado y alcanza, tras cruzar otro bosque, la pradería de Llós.*

1,20 Vega de Llós. *Ascender hasta la parte alta de la vega, donde se encuentra una fuente con abrevadero. Una vez allí hay que dirigirse hacia la izquierda (O) para ascender hasta un collado próximo (Cdo Jover) que se sitúa bajo una pared de rocas negras (Peña Parda). Después hay que ascender diagonalmente a la izquierda hasta alcanzar el Collado de El Frade.*

1,45 El Frade. *Hasta aquí se puede llegar también desde Llós por encima de Peña Parda, siguiendo el it F-8 señalado en el mapa y dejándolo a la altura de El Frade para atravesar horizontalmente hasta este collado.*

Otra vez por buen sendero se asciende en zig zag por la ancha loma que domina el collado hasta su fin, en un colladín situado contra los contrafuertes

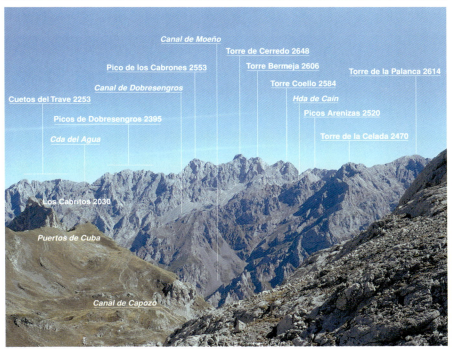

Panorámica del Macizo Central desde Vega Huerta

rocosos de los Moledizos (Cimera del Frade). Por la izquierda de estos contrafuertes y atravesando una larga ladera pedregosa, se llega al pie de la Canal del Perro. El camino asciende ahora en cortos zigzag hasta un pequeño colladín próximo a la izquierda, por el que abandona la canal para ascender por el exterior y diagonalmente hacia la izquierda. Más arriba vuelve a la derecha y entra de nuevo en la canal para seguirla hasta el final.

2,30 Collado del Burro. *A partir de aquí el camino es casi horizontal, con pequeñas subidas y bajadas por terreno rocoso. Es un agradable paseo con la Torre Santa siempre al fondo y las cumbres del Macizo Central a la derecha. El itinerario en esta parte, hasta Vega Huerta, está indicado con hitos y pequeñas manchas de pintura amarilla, muy útiles en caso de niebla.*

Tras un último descenso rodeando por el oeste las Torres de Cotalbín, se llega a Vega Huerta.

3,10 Vega Huerta. *Subir a un primer hito de grandes dimensiones que se encuentra por encima y próximo a las ruinas del antiguo refugio, y tomar allí cerca un*

Picos de Europa

Los Llamativos espolones del extremo oriental de la Torre Santa de Castilla desde la Pedriza Carbanal

senderillo que desciende hacia La Pedriza Carbanal (NE), un poco en dirección hacia el extremo oriental de la Torre Santa de Castilla. Es mejor dar este pequeño rodeo, acercándonos a la Torre Santa, que descender por la canal que baja directamente desde el refugio.

Travesías

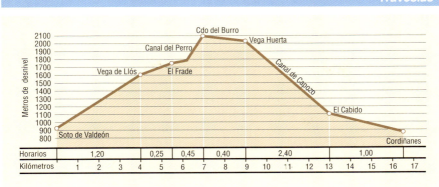

Se atraviesan llambrias y llastrales hasta tomar pie en una amplia canal que desciende hacia el valle. Una vez en él, seguir por su fondo ya más angosto atravesando zonas de pedrero algo incómodas.

La pendiente se acentúa y por un senderillo que desciende hacia la izquierda se llega a una pequeña vega al abrigo de una pared rocosa amarillenta (Verón del Corbo). Es al salir de esta explanada cuando hay que prestar atención y evitar la tendencia natural a seguir descendiendo directamente por el fondo del valle. Atravesar hacia la derecha, remontando una loma herbosa, hasta dar vista a la Cueva del Agua, de la cual brota una fuente. También se puede llegar hasta esta cueva sin bajar al Verón del Corbo. Sólo hay que atravesar a la derecha por encima de la majada para ir a caer a la cueva por encima de la loma mencionada.

A partir de la Cueva del Agua, el camino comienza a estar ya más marcado. Seguirle en un recorrido zigzagueante que evita los resaltes de la zona media de la Canal de Capozo por su flanco derecho (S). En algunos tramos, la senda ha sido tallada en la misma roca, aquellos en los que años atrás existían "armaduras", son los Cavidos Cimeros. Después de atravesar una breve zona arbolada, el camino sale de la canal y gira a la derecha discurriendo por una cornisa medio tallada en la roca (Los Cavidos Bajeros).

5,50 Los Cavidos. La vista del Monte Corona desde este aéreo paso es espléndida. A partir de aquí el camino, ya muy marcado, desciende trazando una larga diagonal por encima de todo el Monte de Corona y alcanza en un agradable paseo final el Mirador del Tombo y Cordiñanes.

6,50 Cordiñanes. Si no se tiene allí vehículo esperando, será necesario caminar una hora más hasta el punto de partida en Soto.

Ruta 3: CUMBRES DEL CORNION
circuito rodeando las Torres Santas

Es una de las rutas más larga de todas las que se reseñan en la guía, pero no se salvan nunca desniveles importantes. El itinerario es muy gratificante, ya que recorre prácticamente toda la parte alta del macizo. Se obtiene con ello un continuo cambio de panorámicas y un conocimiento exhaustivo de las cumbres más altas y en especial de la Torre Santa de Castilla a la cual se rodea completamente.

- **Desnivel aproximado:** 1.100 m de subidas y otros tantos de bajada.
- **Dificultad:** Largo recorrido de alta montaña sin apenas dificultades, pero que precisa de un buen sentido de la orientación y hábito en este tipo de actividades para no perder demasiada altura en algunos flanqueos.
- **Horario total aproximado:** 9 h 15 min, al que hay que añadir otra hora si se desea volver a Pan de Carmen en el mismo día.
- **Punto de partida:** Es posible hacer la ruta completa en la misma jornada partiendo de Pan de Carmen, pero es más aconsejable subir el día anterior hasta Vegarredonda y salir de allí temprano. La aproximación hasta Vegarredonda se desarrolla de la siguiente manera:

Desde el Pozo del Alemán, cruzar el puente y seguir la caleya hasta Vega La Piedra sin problemas. El camino, algo confuso en este punto, asciende hacia la izquierda (SE) superando una corta, pero fuerte, pendiente herbosa. Una vez superada ésta y retomando la caleya, se llega a una larga llanura tapizada de hierba en la que nuevamente desaparece el camino (Vega Canraso). Recorrerla en toda su longitud siguiendo una hilera de piedras clavadas en el suelo, sistema que se ha empleado para señalizar el camino en las zonas en que la hierba lo domina. Superar por buen camino en zigzag otro par de pendientes tras las que se alcanza La Rondiella, majada con varias cabañas diseminadas entre bloques rocosos.

Más arriba se llega a un punto donde parece acabar el valle y hay dos collados de salida. Evitar el salir por el de la derecha, más próximo y aparentemente lógico. Se debe continuar ascendiendo todavía un poco más hasta otro collado más alto (Collado Gamonal), desde el que ya es visible al otro lado el Refugio de Vegarredonda.

- **Itinerario:**

0,00 Vegarredonda. *Acercarse hasta el refugio antiguo y desde allí tomar el sendero que se adentra y recorre en toda su longitud la canal de Vegarredonda. Más arriba, el camino efectúa varios zigzag para superar más cómodamente la acusada pendiente de la Llampa Cimera. Es en la parte alta de la misma, donde encontraremos la bifurcación que se dirige a la izquierda hacia La Fragua. Continuar por la de la derecha para entrar a través de una estrecha portilla, situada debajo mismo del Porru Bolu, en el Llano Los Pozos, un jou que debemos cruzar para salir por la escarpada pendiente norte del mismo. El camino allí,*

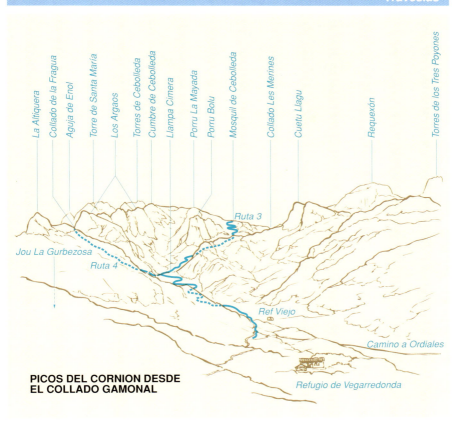

PICOS DEL CORNION DESDE EL COLLADO GAMONAL

medio armado con piedra, zigzaguea entre llastrialezas y sale rápidamente a una amplia ladera herbosa por la que se alcanza tras algunas revueltas el Mosquíl de Cebolleda.

1,20 Mosquíl de Cebolleda. *Al traspasar este popular paso, conocido erróneamente como «La Mazada», se descubre una hermosa panorámica de cumbres, con La Torrezuela justo enfrente al otro lado del Jou Lluengu. El paso siguiente es rodear La Torrezuela por la derecha (O) para alcanzar el Hoyo de las Pozas, que se oculta tras ella.*

Seguir el camino de la Horcada de Santa María hasta un recodo tras el que se da vista a la pared SO de las Cebolledas con su característica cuevona (El Peyón). En ese punto dejar el camino y bajar por un leve sendero hacia la Fuente Prieta, pequeño manantial que se adivina unos metros más abajo en un

Picos de Europa

En la zona de Fuente Prieta durante un recorrido con esquís del itinerario

pequeño reducto herboso entre bloques de roca. Atravesar una doble depresión que se esconde tras un pequeño cotero, siguiendo un senderillo poco marcado, y sin apenas perder altura rodear los espolones que descienden de La Torrezuela. Después hay que subir ligeramente en diagonal para dar vista al Hoyo Las Pozas.

2,05 Boca del Hoyo Las Pozas. Descender por una suave loma hacia la izquierda y rodear el hoyo por el norte para no perder altura atravesándolo por su fondo. Hasta aquí se puede llegar también desde Fuente Prieta remontando la Horcada del Alba, solución más directa, pero no más rápida, ya que el descenso hacia el Hoyo Las Pozas es largo y complicado.

2,45 Horcada de Pozas. Descender por un marcado sendero hacia la izquierda y ganar La Llerona, importante pedrero que desciende por la izquierda de La Forcadona (atravesando este alto collado se puede alcanzar en pocos minutos el Jou Santu; con lo que acortaríamos sensiblemente la excursión). Atravesar La Llerona en dirección a la Aguja del Corpus Christi. El camino se pierde contra un espolón rocoso que se salva por una suerte de aéreas cornisas con un corto destrepe al otro lado de las mismas. Enseguida se gana un colladín en la base de la Aguja del Corpus Christi desde el que, por terreno muy pedregoso en el que se deja ver de vez en cuando algún rastro del camino, se alcanza Vega Huerta. Desde este privilegiado enclave se contempla una vista magnífica de la muralla sur de la Torre Santa de Castilla.

Travesías

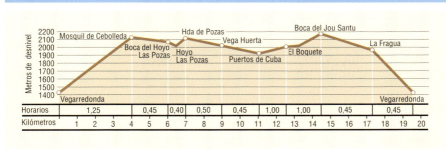

3,35 Vega Huerta. *Descender hacia la Pedriza Carbanal y después, procurando no perder altura, atravesar hasta los Puertos de Cuba, situados ya en la vertiente este de la Torre Santa, sobre el Hoyo Verde.*

4,20 Puertos de Cuba. *Descender diagonalmente hacia la izquierda procurando no perder demasiada altura y rodear así por su base los espolones rocosos que bajan hacia el Hoyo Verde. En este punto hay que atravesar una o dos canales donde es preciso efectuar alguna corta trepada. Continuar tras ellos ascendiendo diagonalmente hacia el norte, por terreno rocoso poco evidente, en el que hay que dejarse guiar un poco por la intuición para llegar al Boquete del Jou Santu.*

5,20 El Boquete. *Un Nuevo cambio de panorámicas se abre al otro lado de este alto paso, con las cumbres más altas del macizo al frente, las mismas cumbres que vimos en la primera parte del recorrido desde su lado oeste y que ahora contemplamos por la vertiente opuesta, El Torco, Las Tres Marías, La Torre de Enmedio, etc. A la izquierda, dominando el jou impresionantemente, la pared norte de la Torre Santa.*

Recorrer una tras otra, por el flanco derecho (N), las tres depresiones del Jou Santu atravesando los sucesivos collados que las separan. Para alcanzar el más alto, (Cdo del Jou Santu) hay que atravesar antes una zona de rocas, no muy difíciles pero si algo expuestas.

6,20 Boca del Jou Santu. *A partir de aquí el camino va cobrando importancia hasta convertirse casi en una caleya, es el camino del Parque Nacional, que se construyó a raíz de la creación del mismo. Ahora el itinerario ya no ofrece pérdida, se atraviesa el Jou de los Asturianos y se baja por Las Barrastrosas hasta el Collado de La Fragua, pero no sin antes mirar atrás para contemplar la vertiente septentrional de la Torre de Santa María y Las Cebolledas.*

7,05 La Fragua. *Una vez traspasado este collado, se alcanza en pocos minutos la Llampa Cimera, desde donde, por terreno ya conocido, se baja a Vegarredonda.*

7,50 Vegarredonda.

Ruta 4: JOU SANTU
travesía clásica del Macizo Occidental

Este es el itinerario más frecuentado de cuantos cruzan el macizo. Se atraviesan los collados más altos pasando por el mismo corazón de El Cornión, el Jou Santu. El descenso a Caín, una de las aldeas más remotas de Los Picos, por la Canal de Mesones es también una experiencia difícil de olvidar. Reúne pues, en suma, los componentes necesarios para poder considerar a esta travesía como una de las grandes clásicas de los Picos de Europa.

- **Desnivel aproximado:** 670 m de ascensión y 1.630 m de descenso.
- **Dificultad:** Fácil y cómodo hasta el Jou Santu, ya que se sube por el camino del Parque, de un excelente trazado. En el descenso de la Canal de Mesones, sin apenas rastro de camino, sí pueden presentarse algunos problemas, sobre todo debajo de la Majada de Mesones. Allí sólo existe una posibilidad de descenso, y se necesita buena visibilidad para dar desde arriba con el mejor paso.
- **Horario total aproximado:** 6 h 30 min.
- **Punto de partida:** Vegarredonda o Pan de Carmen. Para la segunda opción hay que añadir una hora más al horario total.
- **Punto de llegada:** Caín. En este pueblo se puede hacer noche (hay un par de fondas para ello). También es posible acampar pidiendo permiso al dueño de alguno de los prados que normalmente se utilizan para este fin. El regreso a Los Lagos se puede hacer por la Canal de la Jerrera (ruta nº 5, página 68), o por otra más fácil, como la de Culiembro por ejemplo (ruta nº 7, página 76).

- **Itinerario**:

0,00 Vegarredonda. *Subir hasta Llampa Cimera como se indicaba en el itinerario anterior (ver el croquis de la página 61) y en la bifurcación tomar el ramal de la izquierda, que se dirige hacia La Fragua.*

1,00 Collado de La Fragua. *Subir un poco por encima del collado y pasar a la vertiente de Las Barrastrosas (E). Sin otro problema que seguir el camino, se alcanza el Jou de los Asturianos, al pie de la Aguja de Enol, y tras éste, el Jou Santu.*

1,50 Boca del Jou Santu. *Al llegar a este collado, aparece la impresionante mole de la Torre Santa de Castilla. El ambiente en este jou es sobrecogedor con las cumbres más altas del macizo rodeándolo (Torre de Santa María, Torre de Enmedio, Las Tres Marías, El Torco, etc).*

Continuar por el camino, que ahora va perdiendo su entidad hasta casi desaparecer. Sin perder altura por la izquierda se alcanza, tras un recodo, el Collado del Jou Santu, desde el que ya se puede ver hacia el este la abertura característica de El Boquete. Es a través de esta brecha por donde habremos de pasar para iniciar el largo descenso de la Canal de Mesones. La travesía de

Cara este de la Torre de Santa María desde el Jou de los Asturianos

las dos últimas depresiones del Jou Santu se hace por la izquierda, siguiendo las trazas de un senderillo que a veces desaparece en el roquedo. Hay que descender primero atravesando una zona de rocas que se deben destrepar un poco después de dejar el collado (pasos algo expuestos).

2,40 El Boquete. *El resto de la travesía consiste en el larguísimo descenso hasta Caín, aldea situada en lo más profundo de la Garganta del Cares. Se puede bajar directamente desde El Boquete sorteando los numerosos resaltes rocosos que se encuentran diseminados en toda la zona superior de la Canal de Mesones, más bien un ancho valle en esta parte. Sin embargo, lo más cómodo quizás sea descender en diagonal hacia la derecha (S), en dirección al Hoyo Verde, como se indica en el mapa.*

Una vez en el Hoyo Verde, parte de él un senderillo que conduce diagonalmente hacia la izquierda (N) a la Majada de Mesones.

3,50 Mesones. *En este punto es donde hay que poner especial atención para tomar bien el sendero que se inicia un poco más abajo y que sigue el filo de una leve loma herbosa hasta el borde de los precipicios que cortan la canal a media altura.*

Picos de Europa

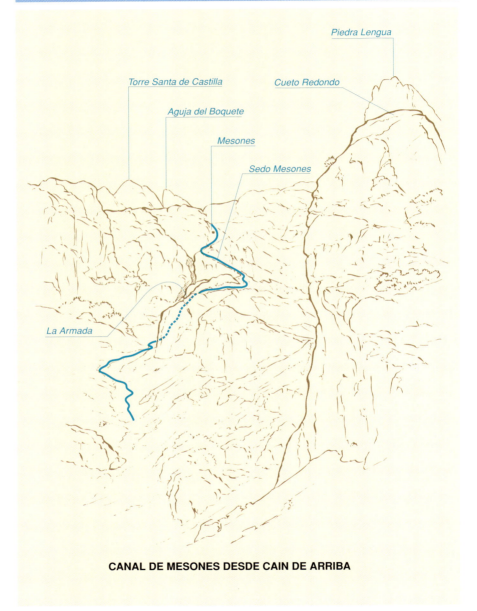

CANAL DE MESONES DESDE CAIN DE ARRIBA

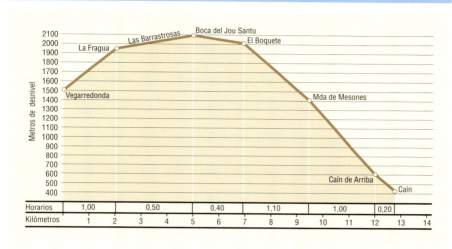

El camino tuerce entonces a la izquierda y tallado sobre roca viva gana en diagonal un pequeño pedrero. Es aquí donde se situaba más o menos el Sedo de Mesones en otro tiempo. Bajar por el pedrero y después de nuevo por el filo de otra breve loma con una estrecha y escarpada canal en su límite derecho. Enseguida se llega a "La Armada", punto donde el camino, medio tallado, medio armado con piedra y algunos restos de madera, desciende a la derecha hasta situarse debajo de la canal antes mencionada. Ahora sólo queda seguir el camino que en repetidas vueltas conduce al barrio alto de Caín. Este último tramo se puede ver, aunque desde abajo, en el croquis de la página anterior.

4,50 Caín de Arriba. *Salir de la pequeña y aislada aldea por "El Sedo" y descender al barrio de abajo. Llegando a Caín, se pasa junto a algunas de las pocas cabañas con techo vegetal que todavía se conservan en este típico poblado valdeonés.*

5,10 Caín.

Ruta 5 — SEDOS DE OLISEDA
travesía Caín-Los Lagos por La Jerrera y Vega de Aliseda

Caín es la última aldea de Valdeón y una de las más remotas de todos Los Picos de Europa. Su aislada situación en el fondo de la Garganta del Cares, en un exiguo reducto sin apenas espacio horizontal, obligó a sus habitantes a soportar, durante generaciones, unas condiciones de vida extremadamente duras.

Para mantener una pobre cabaña ganadera, los cainenses tenían que aprovechar los escasos recursos que ofrecía aquel mundo de verticalidad. Moverse con el ganado por un medio tan hostil, les exigió el desarrollo de unas condiciones físicas y una habilidad propias de escaladores. Tenían que superar casi a diario tremendos desniveles y arriesgarse en los numerosos sedos y traviesas que debían recorrer con sus rebaños o para cazar al rebeco (1). En muchas ocasiones ponían su vida en peligro para salvar las reses que se enriscaban entre los vericuetos de "La Peña".

Muchos animales despistados caían al vacío en aquel terreno apto solamente para cabras. Estos accidentes, casi cotidianos, han quedado reflejados en algunos topónimos, como por ejemplo "El Salto de la Burra", en la Canal de la Jerrera misma. Desgraciadamente, en ocasiones, también caía el pastor, lo que llevó a popularizar un refrán que decía: "Los de Caín no mueren, si no se despeñan" (2).

Con la emigración, el turismo y otros medios de vida alternativos, muchas majadas han ido desapareciendo y con ellas las sendas y los sedos que las unía con el valle. Sedo La Vara, Canto La Cabra, Collado del Tomo, El Travieso..., son nombres que dan testimonio de la actividad que antaño animaba estos vertiginosos parajes colgados a cientos de metros sobre el Cares.

Sin embargo, y contrariamente a lo que se puede deducir en esta lectura, aún quedan valdeoneses que siguen subiendo con sus rebaños a los pastos más altos del macizo, aunque generalmente, lo hacen a los que son más aprovechables (Vega Huerta, Puertos de Cuba, etc (3)). Son muy pocos ya los que todavía ascienden por las canales más abruptas, aquellas que caen desde El Jultayu y sus cumbres vecinas en línea casi directa hasta Caín. Esto hace que sus sedos se encuentren ahora en condiciones poco favorables para ser recorridos con un mínimo de seguridad.

Los Sedos de Oliseda, salvan la zona más problemática de la Canal de la Jerrera y representan el ejemplo más claro de cuanto se comenta en estas líneas. Al trepar por ellos uno no puede dejar de pensar con admiración en los hombres que se supieron adaptar a un territorio tan salvaje.

---

(1) La caza fue, junto con el pastoreo, uno de los principales medios de subsistencia de muchos habitantes de Los Picos de Europa.

(2) De un artículo de Casiano de Prado en la Revista Minera, Madrid 1860.

(3) Los sedos que conducen a estos lugares por las canales de Capozo y de Mesones están actualmente acondicionados, como ya se comentaba al describir otros itinerarios en páginas anteriores.

Travesías

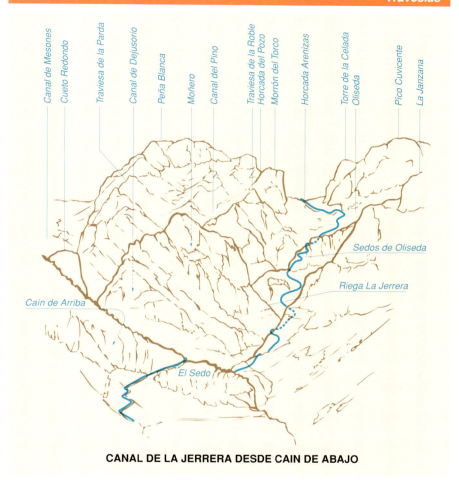

CANAL DE LA JERRERA DESDE CAIN DE ABAJO

• **Desnivel aproximado:** 1.420 m de ascensión y 780 m de descenso.

• **Dificultad:** La trepada de los Sedos de Oliseda, sin llegar a la dificultad de una escalada, exige estar habituados al vacío (una cuerda para asegurarse en los pasos más expuestos puede hacer más tranquilizante la ascensión a los menos hábiles). Otro peligro a considerar son las fuertes pendientes de hierba, en la parte superior de Los Sedos. Una vez superados éstos, ya no existen caminos hasta El Tolleyu, y hay que atravesar zonas de hoyos algo complejas, lo que debe tenerse en cuenta como dificultad adicional. En suma, se trata del recorrido más comprometido de todos los reseñados en la guía (a excepción de algunas ascensiones).

- **Horario aproximado:** Entre 7 y 8 horas.

- **Punto de partida:** Caín. Esta travesía puede ser una interesante segunda jornada después de haber realizado la travesía anteriormente descrita (travesía clásica del macizo). Así se puede volver al punto de partida en Los Lagos, evitando los largos traslados en automóvil de un lado a otro del macizo.

- **Punto de llegada:** Los Lagos.

- **Itinerario:**

0,00 Caín. *Subir a Caín de Arriba por "El Sedo" y descender algunos metros entre nogales por una "caleya" que discurre pegada a un cierre de piedra. Atravesar un primer puente y subir hacia la entrada de la Canal de la Jerrera siguiendo un buen sendero. Cruzar la Riega de la Jerrera por otro puentecillo y ganar altura en zigzag por las escarpaduras del lado derecho (izq hidrográfica) de la canal.*

El valle se abre más arriba en una amplia llanada, de donde parten canales en distintas direcciones. Por la más marcada de todas, la de enfrente, es por donde baja encajonada la Riega de la Jerrera. El camino, ahora casi imperceptible, asciende en amplios zigzag entre matorrales para rodear por la derecha una primera barrera de rocas de poca altura. Se alcanza así el filo de una arista herbosa con caída por el otro lado hacia la Riega de la Jerrera (ver croquis de la página anterior). Seguir la arista hasta que ésta muere contra un espolón semi-rocoso muy vertical. En este punto parece acabar toda posibilidad de continuar, sin embargo, observando el mencionado espolón se intuyen las marcas a modo de escalones de los primeros pasos del sedo.

1,10 Sedos de Oliseda. *Entrar en los sedos por una serie de escalones y pequeñas terrazas que ascienden en zigzag por un terreno mitad roca mitad hierba muy vertical que no permite un mal paso. La sensación de vacío aumenta a medida que se va ganando altura, con la Riega de la Jerrera deslizándose a la izquierda por la vertiginosa canal. Después de unos 50 m de fácil, pero espectacular, trepada se alcanza la parte superior del espolón ya más tumbada. Pasar entonces al lado opuesto y atravesar, siguiendo un minúsculo sendero, por encima de una impresionante canal. Esta larga travesía y otra trepada sobre rocas algo rotas, nos conducen a la parte alta de la Canal de La Jerrera, donde la pendiente se suaviza y la progresión se hace ya más segura.*

Remontar la larga y ancha canal siguiendo pequeños trozos de camino que se van encontrando a veces. Ya muy arriba, se pasa junto al Morrón del Torco, bajo el cual pasa la Traviesa de La Roble (1).

Por encima y en ese mismo lado de la canal está "El Torco", pozo de grandes dimensiones en cuyo fondo hay un helero perpetuo. Seguir durante otros 15 ó 20 min para alcanzar la Horcada Arenizas, tras la que se oculta el Joon

---

(1) Hasta este punto se puede llegar también de forma más cómoda subiendo por el Monte Moñero y la Canal del Pino, una canal más al sur de la Jerrera, que sube hasta debajo de Peña Blanca. Por allí pasa un antiguo camino, ya perdido, que desde Mesones atravesaba hasta Oliseda. Dos aéreos pasos daban entrada y salida a esta larga travesía: la Traviesa de la Parda y la de La Roble.

Travesías

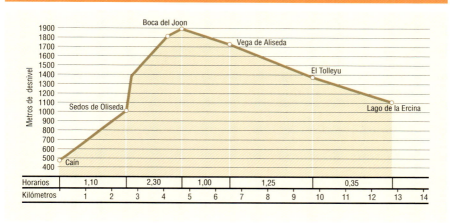

de Oliseda. Sin apenas descender, atravesar a la derecha y remontar los pedreros que caen de la Boca del Joon.

3,40 Boca del Joon. A partir de aquí hay que atravesar por debajo de La Verdelluenga, rodeándola por el NE, en dirección a la Vega de Aliseda. El terreno ahora es predominantemente rocoso y presenta numerosos hoyos, por lo que resulta muy difícil dar indicaciones precisas sobre el camino a seguir. Hay que hacer uso del mapa y del sentido de la orientación. La mejor referencia es la propia Vega de Aliseda, que se ve enseguida al rodear La Verdelluenga.

4,40 Vega de Aliseda. Recorrer la pradería en toda su longitud para salir de ella por un amplio collado hacia el norte. Se entra ahora en una nueva depresión (Jou Los Porros) que hay que abandonar rápidamente por otra escotadura que se abre a la izquierda. Atravesar por la izquierda otro jou mucho más pequeño que los anteriores y salir por el collado de enfrente a un amplio valle de aspecto caótico, son los Jous de Carbanal. Descender por su margen derecha para evitar la parte central, más compleja, y ganar su extremo inferior. El mejor itinerario pasa por una serie de betas de roca blanca. Algunas de estas betas son planas y limitadas a ambos lados por taludes casi perfectos, lo que ha llevado a los pastores a bautizarlas con el nombre de "Las Carreteras".

El terreno continúa presentando numerosos hoyos y llastrales que no permiten el descenso directo, pero apenas hay posibilidad de perderse, ya que se sigue el fondo de un amplio valle. Se van haciendo más frecuentes las manchas de prado entre las rocas (Campos de Jaces). Tras un recodo aparece una pintoresca majada con varias cabañas (El Tolleyu).

6,05 Majada El Tolleyu. Ahora ya por buen sendero se baja a la Vega El Paré y por La Canaleta se alcanza el Lago La Ercina en pocos minutos.

6,40 Lago La Ercina.

Ruta 6 — CANAL DE TREA
travesía Los Lagos-El Cares por la Vega de Ario

La Canal de Trea es la más popular de todas las canales que vierten aguas a la Garganta del Cares. Su magnífico trazado, salvando cerca de 1.200 m de desnivel hasta el fondo de la garganta, y su gran belleza hacen de ella un recorrido aconsejable para quienes deseen conocer en toda su dimensión la espectacular "Garganta Divina", como también es conocida.

Desde el Puente Bolín, punto en que se toma contacto con la Senda del Cares, queda aún por recorrer una buena parte de la misma, bien sea en un sentido o en otro (hacia Poncebos o hacia Caín). Resulta muy interesante el fuerte contraste de recorrer el fondo de la garganta, cuando se viene de las luminosas alturas de Ario, punto donde se inicia el largo descenso.

La Vega de Ario, es igualmente merecedora de los más fervientes elogios. Desde su privilegiado emplazamiento, en el extremo NE de El Cornión, se contempla una de las panorámicas más espléndidas del Macizo Central.

El Refugio Marqués de Villaviciosa, enclavado en la misma vega, representa una considerable ventaja, ya que permite dividir la travesía en dos cómodas jornadas. Esto puede dar la oportunidad de regresar a Los Lagos efectuando el itinerario n° 7, que se reseña después, o algún otro de los ya reseñados.

- **Desnivel aproximado:** 520 m de subida y 1.215 m de descenso.
- **Dificultad:** La Canal de Trea no presenta dificultades notables en su recorrido. El senderillo a veces se pierde, pero en general es fácil de seguir y relativamente cómodo. Sólo la parte alta de la canal, aérea y algo expuesta, exige cierta atención.
- **Horario total aproximado:** 2 h 45 min hasta Ario y algo menos de 2 h para el descenso de la Canal de Trea. Sumar después otros 40 min hasta Caín, ó 2 h 15 min hasta Puente Poncebos. En total 5 h 25 min hasta Caín, ó 7 h hasta Poncebos.
- **Punto de partida:** Los Lagos.
- **Punto de llegada:** Caín o Puente Poncebos. Si se desea hacer el regreso a Los Lagos por la ruta nº 7, el tiempo de Puente Bolín a Culiembro es de unos 45 min.
- **Itinerario:**

PRIMERA PARTE: DEL LAGO LA ERCINA A ARIO.

0,00 Lago La Ercina. *Atravesar la campera que hay frente al aparcamiento y dirigirse por la izquierda del lago en busca de un sendero que se adentra en un pequeño valle situado tras el Pico Llucia. Seguir el sendero que discurre por el fondo hasta un primer collado. Desde este punto se ven, al frente y a lo lejos, las cumbres más altas del Macizo Central. Bordear dos pequeños jous cubiertos de brezos (Cuenye Las Bobias) y entrar en otra depresión ocupada por cabañas.*

0,50 Majada de las Bobias. *El camino atraviesa el jou y alcanza el collado opuesto, cerca de una fuente que brota entre unas rocas (está preparada artificialmente).*

En este punto el camino se bifurca. Un ramal desciende por una canal hacia la izquierda dirigiéndose a la Majada La Redondiella. El otro, que es el que continúa hacia Ario, atraviesa a media ladera hacia un pequeño grupo de hayas que crecen entre grandes rocas. ¡Atención!, enseguida se encuentra otra bifurcación. Seguir por la derecha ganando algunos metros para superar los árboles por encima. Se efectúa después una larga travesía, ligeramente ascendente sobre una gran depresión en la que se pueden ver las cabañas de La Redondiella.

El camino alcanza horizontalmente la entrada de un vallecito en el que se encuentra una charca de nivel variable (El Llaguiellu) de la que nace un arroyo.

1,20 El Llaquiellu. *Sin entrar en el vallecito mencionado, cruzar el arroyo y pasar a la parte alta de una canal que cae hacia la izquierda y por la que el camino sube trazando repetidos zigzag. Se gana así un colladito situado en la parte alta de la canal. Luego, se atraviesa una zona laberíntica de pequeños jous, que el camino va sorteando sin perder apenas altura (hay que evitar la tendencia natural a bajar al valle que se ve abajo, a la izquierda).*

Entrar en una nueva canal que se abre a la derecha de una pequeña pared naranja y remontarla hasta otro collado. El camino ahora ya no ofrece apenas pérdida. Éste discurre por el fondo de un ancho valle que remata en un gran collado tras el que asoma la cumbre redondeada del Jultayu. La parte alta de este valle se divide en varias canales. El camino sigue por la que asciende más a la izquierda junto a las laderas de la Cabeza La Forma. La pendiente se acentúa al final y tras algunos cómodos zigzag se llega al Jitu, collado izquierdo de los dos que dan salida al valle.

2,20 El Jitu. *La vista del Macizo Central es extraordinaria al remontar el collado. Una mesa de orientación allí instalada sirve de ayuda para identificar las principales cumbres. El camino se dirige por la izquierda a la Vega de Ario, donde se encuentra el refugio tras los contrafuertes de la Cabeza la Forma.*

2,30 Refugio Marqués de Villaviciosa. *Todo el camino, desde La Ercina hasta el refugio, está señalizado con hitos y frecuentes marcas de pintura amarilla.*

SEGUNDA PARTE: DESCENSO DE LA CANAL DE TREA

0,00 Refugio Marqués de Villaviciosa. *Tomar el camino de la Canal de Trea, bien marcado en las praderías al sur del refugio. Cuando el prado da paso al roquedo, el camino se pierde y hay que seguir los hitos que marcan de vez en cuando el itinerario. Tras un ligero descenso, se llega a un colladín cerca de las lomas que bajan del Jultayu.*

0,20 Collado de las Cruces. *Comenzar el descenso hacia la vertiente del Cares siguiendo un estrecho sendero que cruza horizontalmente la ladera en dirección a una loma herbosa que se ve al frente. Abajo a la izquierda se abre una fácil canal (Valle Extremero) que invita al descenso, cosa que no hay que hacer.*

Una vez traspasada la loma mencionada, se da vista a la Canal de Trea, muy aérea e impresionante. El descenso directo no es posible, por lo que hay

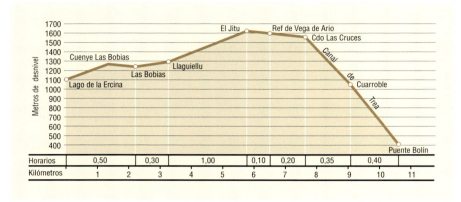

que seguir el sendero, poco marcado en esta parte, cruzando hacia la izquierda horizontalmente por encima del precipicio durante unos 100 ó 150 m. Bajar entonces por una zona de plataformas que permiten el descenso de esta primera parte más escarpada de la canal. A la izquierda y bajando por una afilada arista se llega a un colladín en la entrada misma de un pequeño hoyo de aspecto inaccesible en el que crecen algunas hayas. Se trata del Huerto del Rey y es un bellísimo rincón capaz de despertar fantásticas sensaciones. Desde el colladín, el sendero está ya un poco más marcado y baja en cortos zigzags a lo largo de una estrecha canal secundaria que nace en el mismo colladín. Más abajo torcer a la izquierda para ganar una gran cavidad en la que se ve estiércol y otros restos dejados por el ganado y los pastores.

0,55 Cuarroble. *Bajar directamente hacia el fondo de la canal evitando por la derecha el incómodo pedrero que se descuelga de la cueva. Se llega enseguida a una fuente que se encuentra bajo un gran bloque en el fondo de la canal. Continuar el descenso por la canal hasta entrar en un bosque de hayas que ocupa gran parte de la zona baja de la misma. Hay que procurar no perder el sendero, que se aleja nuevamente del fondo de la canal, cruzando el bosque por la ladera izquierda. Así se evita la última parte de la canal, prácticamente inaccesible. El camino desciende en zigzag por el borde superior izquierdo de la canal y gana sin más complicaciones la Senda del Cares muy cerca del Puente Bolín.*

2,15 Puente Bolín. *Caminar durante unos 40 min río arriba para llegar a Caín. O bien por la izquierda hacia Culiembro y Puente Poncebos (45 min a Culiembro y 2 h 15 min a Puente Poncebos).*

Página siguiente: Amanecer en el Valle Extremero, al comienzo del descenso

6a variante por el Valle Extremero

La Canal de Las Párvulas o Valle Extremero constituye una segunda posibilidad para descender de Ario al Cares. Aparentemente es más fácil y evidente que la de Trea, cuando se baja del Collado de las Cruces, pero en su mitad se encuentran algunos resaltes sobre roca mojada, normalmente, que complican el descenso.

Al contrario que en la Canal de Trea, en el Valle Extremero apenas queda rastro de la antigua senda que antes lo recorría, por lo que en líneas generales se puede considerar que su descenso es mas aventurado. Si a pesar de ello persiste el interés en realizarlo, pueden ser suficientes las siguientes indicaciones:

En la zona más complicada, a media canal, hay que efectuar varios destrepes no demasiado difíciles, a veces por el mismo fondo de la canal, y a veces por las rocas del lado derecho. Más abajo la canal se ensancha y es más fácil de seguir. Luego se estrecha de nuevo y hay que salir de ella por la ladera boscosa del lado izquierdo, subiendo bastante alto para evitar el fondo de la canal, impracticable en ese tramo. Abajo del todo se vuelve a encontrar una angostísima salida que hay que evitar también saliendo totalmente a la izquierda, por encima de una pequeña morra que domina la Senda del Cares.

Un último destrepe, cerca de las paredes que limitan la canal por la izquierda nos deposita en la senda misma a unos 40 m del lugar por donde escapa la Riega Las Párvulas (tiempo total de Ario a la Senda del Cares, 2 h).

Ruta 7 — RUTA DE LAS MAJADAS
travesía Culiembro-Los Lagos por Vega Maor

Se trata de un típico recorrido de la baja montaña asturiana que se desarrolla en un ambiente de bucólica tranquilidad, lejos del atormentado relieve de las zonas altas. Se atraviesan praderías y se visitan numerosas majadas a todo lo largo de la travesía, razón por la que se la ha identifica en la guía como "Ruta de las Majadas". Es sin duda alguna el itinerario más fácil de todos los que se incluyen en la guía y por ello se propone como itinerario de regreso después de haber efectuado alguna de las travesías que se describen en sentido inverso, es decir de Los Lagos hacia el Cares. De cualquier modo, posee atractivos suficientes para realizarla por si sola, aunque por su moderada dificultad, queda un poco por debajo del nivel general de esta obra.

- **Desnivel aproximado:** 1.129 m de subidas y 420 m de bajadas.
- **Dificultad:** Recorrido de baja montaña sin ninguna dificultad destacable.
- **Horario total aproximado**: 5 h 40 min de Culiembro a Los Lagos. Si se parte de Puente Poncebos hay que añadir 1 h 30 min más.
- **Punto de Partida:** Culiembro, a donde se llega caminando por la Senda del Cares, desde Puente Poncebos o desde Caín.
- **Punto de llegada:** Los Lagos.

- **Itinerario:**

0,00 Culiembro. *El Caserío de Culiembro fue en otro tiempo un importante cruce de caminos entre el Macizo Central y el Occidental. En él se unía el camino que bajaba de Amuesa por la Canal de Piedra Bellida y El Pando con el que venía de los Puertos de Vega Maor y Ostón por la Canal de Culiembro. El Puente Viella, servía de paso en el Río Cares.*

En Culiembro existió también una pequeña ermita, San Julián de Culiembro ermita que erigió allí a este santo un obispo retirado de la vida ciudadana. Esta ermita, o lo que quedaba de ella, terminó por desaparecer durante las obras del Canal del Viesgo, pero aún se conserva en muy buen estado una cabaña a la sombra de un pequeño grupo de nogales.

Subir por un estrecho sendero que asciende por detrás de la cabaña ganando altura rápidamente en cómodos zigzags. El camino pasa, junto a una fuente con abrevadero (Fuente Gonzomera). Luego tuerce a la derecha para pasar cerca de Posadorio, una gran cueva aprovechada desde antiguamente para albergar ganado y que se encuentra aproximadamente en la mitad de la canal. A partir de aquí, el camino se adentra en una canal secundaria más estrecha y asciende por ella en cortos zigzags. En su final, unas armaduras de piedra conducen hacia la derecha a una última cuesta herbosa tras la cual se encuentra Ostón.

La majada de Ostón en su formidable emplazamiento

1,15 Majada de Ostón. *El emplazamiento de este popular poblado de pastores constituye un extraordinario balcón desde el que se obtiene una de las vistas más bellas de la Garganta del Cares. Si se superan los pocos metros que nos separan de La Peña, cumbre próxima que se adelanta hacia la garganta, la panorámica es formidable.*

De Ostón atravesar hacia la derecha (N) para remontar el Valle La Texa hasta su final, en un collado tras el que aparece a la vista La Vega de los Corros. Atravesar esta primera depresión, ocupada en parte por un llaguiellu, y alcanzar enseguida otra vega de mayores proporciones.

2,10 Vega Maor. *Al entrar en esta pradería se encuentra a la izquierda una simpática, aunque poco afortunada fuente con una bañera a modo de abrevadero. Luego un primer grupo de cabañas, y tras un cerro que ocupa el centro de la vega, otro pequeño grupo de estas típicas construcciones. Hasta este lugar se puede llegar también procedentes del Refugio de la Vega de Ario, en una variante mucho más corta que el itinerario que se reseña, o simplemente para descender por Ostón hacia el Cares.*

A la izquierda de las últimas cabañas se abre la impresionante boca del Pozo Los Texos, una sima de entrada espectacular, pero de escaso interés espeleológico dada su poca profundidad. Ascender directamente desde el pozo, en dirección al amplio collado que se ve al este.

Picos de Europa

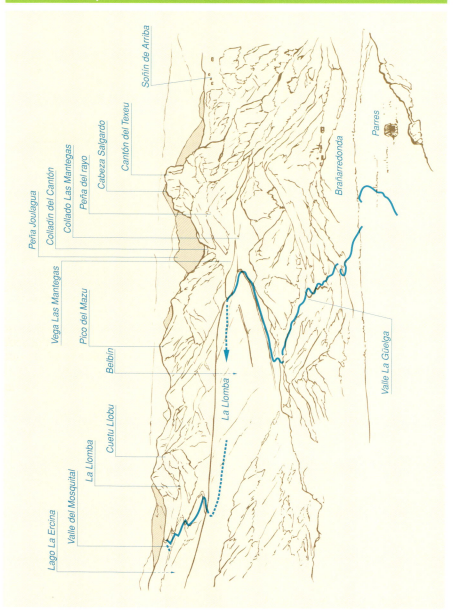

78 *EL CORNION*

2,30 Collado Sierra Buena. *Descender por un buen sendero hasta un jou cercano en el que se encuentra una hermosa majada (Arnaedo).*

2,55 Majada de Arnaedo. *Atravesar la majada por encima para salir por un collado situado a la derecha (NO) y descender a lo largo de un ancho valle (Valle La Guelga). En este punto se puede contemplar una amplia panorámica en la que son visibles unas cuantas majadas. En el croquis de la página anterior se identifican cada una de ellas así como las cumbres y otros accidentes circundantes. El itinerario a seguir también se señala en este mismo dibujo.*

Llegando al fondo del valle, se atraviesa la Riega Los Reguerones y se toma pie en los restos de una antigua pista de servicio para seguirla rodeando horizontalmente "La Llomba" (1). Tras esta marcada loma se encuentra la majada de Belbín.

4,10 Belbín, *majada con construcciones muy cuidadas y atractivo emplazamiento, cercano ya a Los Lagos.*

Cruzar la majada hasta su extremo SO, donde se encuentra una fuente, y ascender por una pista, que en varias revueltas asciende hasta un primer collado, tras el que se encuentra un manantial.

4,35 Fuente La Texa. *La pista continúa perdiendo algo de altura y pasa junto a una última majada (La Llomba), después sin problemas alcanza El Lago de La Ercina.*

4,55 Lago de La Ercina.

---

(1) Antigua morrena de origen glaciar.

Ruta 8 — VEGA DE ARIO-VEGARREDONDA
travesía clásica entre los dos refugios

Este itinerario de unión entre los dos refugios existentes en el interior del Macizo Occidental, se ha ido haciendo clásico con el paso del tiempo. Son varias las rutas posibles para efectuar este enlace, por lo que no se ha señalado ninguna en el mapa. La más utilizada quizás sea la que se describe a continuación:

- **Desnivel aproximado:** 270 m de subida y 500 m de bajada.
- **Dificultad:** Itinerario no muy largo, pero que se desarrolla por terreno complejo en el que es preciso poseer un buen sentido de la orientación así como leer bien los mapas. Ausencia casi total de caminos.
- **Horario total aproximado:** 4 h.
- **Punto de partida:** Vega de Ario (ver la primera parte de la Ruta nº 6, página 72).
- **Punto de llegada:** Vegarredonda
- **Itinerario:**

0,00 Vega de Ario. *Salir hacia el SO en dirección al Pico Gustuteru, siguiendo el trazado de una vieja senda ya casi perdida. Después de un suave ascenso y rodeando el Gustuteru por el sur, se alcanza un primer collado (Cdo Jermoso). Atravesar horizontalmente rodeando los Jous de la Manada Vieya para ganar otro collado mas amplio, y tras el que se encuentra la Vega de Aliseda.*

1,00 Vega de Aliseda. *Recorrer la larga pradería en toda su longitud y ascender al final hacia la izquierda entre grandes rocas y llastrales en dirección a un colladín a la izquierda de la doble cumbre del Pico Conjurtao.*

1,30 Collado del Conjurtao. *Descender por el canalón del mismo nombre durante unos 600 ó 700 m y abandonarle para subir por terreno caótico de llambrias y llastrales hacia Llampa Mala y después de una larga travesía casi horizontal ganar un amplio collado a la izquierda del Cantu Limpou.*

2,30 El Resquilón. *Una vez superado el collado, se desciende a todo lo largo de un ancho valle que conduce sin pérdida a Vegarredonda.*

3,00 Vegarredonda.

Tercera Parte
LOS URRIELES Y ANDARA

- III-a) REFUGIOS Y ACERCAMIENTOS 82
- III-b) ACCESOS AL INTERIOR DEL MACIZO CENTRAL 85
- III-c) ACCESOS AL INTERIOR DEL MACIZO ORIENTAL 92
- III-d) CUMBRES PRINCIPALES DE LOS URRIELES (ASCENSIONES) 95
- III-e) CUMBRES PRINCIPALES DE ANDARA (ASCENSIONES) 122
- III-f) TRAVESIAS SELECTAS EN LOS URRIELES Y EN ANDARA 131

III-a) REFUGIOS Y ACERCAMIENTOS

Refugio de la Terenosa (1.315 m). Situado en la majada del mismo nombre, próximo al Collado Pandébano, en el sector noreste del Macizo Central (Asturias). Cuenta con 24 plazas para dormir en literas. Propiedad de la Federación de Montañismo del Principado de Asturias, las llaves están en poder del pastor que habita la primera cabaña según se llega a la majada desde Pandébano.

Acercamiento: Desde los Invernales del Texu, subir hasta el Collado Pandébano utilizando la pista o por los restos del camino antiguo. Así se llega sin problemas al Collado Pandébano. Una vez alcanzado este collado, ascender por la loma izquierda (S) y efectuar una travesía a la derecha para ganar la Majada de la Terenosa, donde se encuentra el refugio entre una de sus cabañas (50 min).

Refugio J Delgado Ubeda o de Urriello (1.953 m). Situado en la Vega de Urriello, en el interior del Macizo Central (Asturias). Este es sin duda el refugio más frecuentado de Los Picos de Europa, ya que se encuentra al pie del Pico Urriello. Esta es la razón de que en él se hayan realizado ya tres obras de ampliación. Su construcción original data del año 1954 y la última de las reformas, más bien la construcción de un nuevo refugio adosado al antiguo, fue llevada a cabo en 1988. Después de esta última obra, el Refugio de Urriello se convirtió en el mayor y mejor dotado de Los Picos, con sus cerca de 100 plazas. Dispone de servicio de cocina. Es propiedad del Gobierno Regional del Principado de Asturias. Esta abierto y guardado todo el año, pero en época invernal sólo los fines de semana y fiestas.

Acercamiento: Existen dos accesos principales a la Vega de Urriello, uno desde Fuente Dé pasando por los Horcados Rojos y el otro desde Sotres utilizando la senda de La Terenosa.

• *Desde El Cable (estación superior del Teleférico de Fuente Dé)*, seguir la pista que conduce a Aliva. En pocos minutos se llega a la Horcadina de Covarrobres, dejar allí la pista que pasa a Aliva y tomar un ramal a la izquierda que se adentra en el macizo. En la Vueltona (curva que hace la pista bajo los pedreros de Peña Vieja), abandonar la pista y pasar a un sendero que gana altura valle arriba (N) atravesando los mencionados pedreros. Así se llega a los Horcados Rojos, atravesando por debajo de la torre del mismo nombre y pasando también cerca de la Cabaña Verónica. El Pico Urriello es ya visible hacia el otro lado del collado (1 h 40 min desde El Cable).

Bajar al Jou de los Boches atravesando unos pocos metros a la derecha desde el collado y después directamente siguiendo un viejo cable instalado para facilitar el descenso. Atravesar la amplia depresión de los Boches y otra mayor que le sigue, el Jou Sin Tierre, siguiendo las marcas de un sendero no muy marcado. A la salida de esta última depresión ya se ve la Vega de Urriello. Un corto descenso, con el grandioso espectáculo de la cara oeste del Naranjo de fondo, nos deja en la puerta del refugio (3 h desde El Cable).

• *Desde los Invernales del Texu (Sotres)*, subir hasta el refugio de la Terenosa como se indica en el acercamiento a este refugio y desde allí tomar el camino del

Majadas de Pandébano por la vertiente del Duje

Collado Vallejo. Llegando a este estrecho colladín, el camino desciende hasta el Jou Lluengu atravesando el Vallejo y Las Traviesas del Jou Lluengu. Luego alcanza la Vega de Urriello por la margen izquierda del Jou Lluengo en una larga sucesión de cómodos zigzag (3 h 30 min desde los Invernales del Texu).

Refugio Cabaña Vigón o de Amuesa (1.367 m). Situada en la Majada de Amuesa, dentro del sector noroeste del Macizo Central (Asturias). Actualmente se encuentra en estado de ruina por lo que sólo puede utilizarse como abrigo en caso de temporal. Propiedad de la Federación de Montañismo del Principado de Asturias.

Acercamiento: Desde Puente Poncebos, subir a Bulnes por el camino de la Canal del Tejo. En una hora más o menos se sale de la canal, en un pequeño prado con una cabaña y un puente. Se puede cruzar este puente y subir directamente a Bulnes de Arriba por un sendero que gana rápidamente altura en zigzag, o seguir por el río hasta Bulnes de Abajo y desde allí subir luego al barrio de arriba. Esta última solución es más larga, pero también más cómoda.

Una vez en Bulnes de Arriba (Barrio del Castillo), atravesar la aldea para tomar el camino de Amuesa, que se dirige hacia el oeste por un amplio valle. El valle remata al final en una empinada canal (Canal de Amuesa) por la que el camino asciende en numerosos zigzag. Al final de la canal se encuentra la Majada de Amuesa. El refugio es una de las cabañas un poco más apartadas (1 h 40 min desde Bulnes).

Picos de Europa

Refugio J R Luege o de los Cabrones (2.034 m). Situado en el Jou de los Cabrones dentro del sector noroeste del Macizo Central (Asturias). Propiedad de la Federación de Montañismo del Principado de Asturias. Abierto todo el año, y con servicio de cocina en época estival. 20 plazas en literas.

Acercamiento: Desde Amuesa (ver acercamiento al Refugio de Amuesa), Subir hacia la izquierda (S) a todo lo largo de la Cuesta del Trave, siguiendo las marcas de un pequeño sendero señalizado con hitos y manchas de pintura roja. Una vez en lo alto de esta característica ladera se corona una marcada loma que desciende de los primeros contrafuertes de los Cuetos del Trave. Descender entonces algunos metros atravesando llambrias de fuerte inclinación para entrar en una caótica zona de torcas y vallejucos (Jou Lluengo). En esta parte no conviene perder las trazas del camino. Este discurre próximo a los Cuetos del Trave y sirve de referencia, al principio, una gran cueva de boca cuadrada que se abre en los murallones orientales, hacia la cual hay que dirigirse por el fondo de un pequeño valle.

Después el trazado es ya casi horizontal, salvo por una corta subida en la que hay que trepar para alcanzar una pequeña brecha, una cuerda fija a modo de pasamanos ayuda allí a superar esta pequeña dificultad. Después de perder unos metros en el otro lado de esta brecha, atravesar por aéreas cornisas (otra cuerda fija en el paso más delicado) y alcanzar un último collado tras el que se encuentra ya el Jou de los Cabrones con el refugio sobre una pequeña elevación (5 h desde Poncebos).

Cabaña Verónica (vivac) (2.325 m). Situado en el interior del Macizo Central (Cantabria), pero de poca utilidad dado su escasa capacidad (2 ó 3 plazas). No hay agua en los alrededores. Propiedad de la Federación Española de Montañismo.

Acercamiento: La aproximación a este pequeño refugio se hace en poco más de hora y media desde El Cable (Fuente Dé). Ver los detalles en la primera parte del acercamiento al refugio de la Vega de Urriello.

Refugio de Collado Jermoso (2.050 m). Situado en uno de los lugares más idílicos de Los Picos de Europa, en el sector suroeste del Macizo Central (León). Es propiedad de la Federación Española de Montañismo. Cuenta con cocina-comedor y un dormitorio con 12 plazas en literas. Servicio de cocina en verano.

Acercamiento: Existen dos posibilidades para acceder al Collado Jermoso, bien desde Cordiñanes por Asotín o más cómodamente, desde el Caben de Remoña por la Vega de Liordes y Las Colladinas.

• *Desde Cordiñanes,* atravesar el pueblo directamente según se llega por la carretera para tomar, a la salida, el sendero de la Rienda de Asotín. El camino asciende en dirección a una barrera de paredes verticales formada por la larga crestería que desciende de las Mojosas (contrafuerte O de la Torre del Friero). Al llegar a la base de la pared, el camino las atraviesa tallado en la misma roca, para alcanzar una pequeña brecha a la izquierda. De este modo se entra a media altura en la Canal de Asotín, la cual desciende por detrás de la mencionada crestería. Subir por el fondo de la canal atravesando un pintoresco bosquecillo de hayas. Así se llega a la Vega de Asotín (1 h 30 min desde Cordiñanes).

Sin llegar a atravesar la vega, remontar la primera de las canales que descienden por su izquierda (Canal Honda). A partir de aquí el camino no es ya tan evidente. Una vez alcanzada la parte alta de la canal, hay que desviarse a la derecha (E), para atravesar las franjas herbosas (Traviesas de Congosto) que se sitúan bajo los contrafuertes rocosos de la Torre Jermosa, cumbre tras la que se encuentra el Collado Jermoso. Algunos hitos señalan el camino en este comprometido tramo.

Se gana así la parte alta del Argayo Congosto (canal que asciende directamente desde la Vega de Asotín), evitando las dificultades que éste presenta en su primera mitad. Una buena referencia es la Aguja Señora del Tío Toribio, un risco característico que se encuentra en el lado opuesto del Argayo. Ascender a todo lo largo de la canal hasta una fuente, desde donde se intuye el refugio un poco más arriba a la izquierda (3 h 15 min).

• Desde El Caben de Remoña, accesible por pista de tierra desde el Puerto de Pandetrave o desde Fuente Dé, atravesar en dirección NE hacia la entrada de la canal de Pedabejo. Remontar esta canal hasta su final para llegar al Alto de la Canal, donde es posible contemplar ya una magnífica panorámica del Macizo Central.

Descender a La Vega de Liordes y una vez allí cruzarla para alcanzar a la izquierda el Collado de la Padierna. Luego ascender con tendencia a la izquierda en dirección a una larga barrera rocosa que se extiende a todo lo largo de la Vega de Liordes separándola de los Hoyos de los Llagos. Un aéreo sendero, tallado en plena roca, asciende hacia la izquierda por la barrera rocosa mencionada hasta debajo de la Torre de las Minas de Carbón. Después, asciende en zigzag por la ladera herbosa que se sitúa a la izquierda y gana Las Colladinas, una serie de aéreas cornisas que atraviesan horizontalmente los escarpados contrafuertes de las Torres de Llambrión y Casiano de Prado.

Desde la última de las colladinas se da vista al refugio del Collado Jermoso, el cual se alcanza atravesando una gran canal que desciende del circo SO del Llambrión (2 h 40 min desde El Caben de Remoña).

Casetón de Andara (1.725 m). Es lo único parecido a un refugio en el Macizo Oriental. Está situado en la base de la Pica de Mancondiú, en la cabezera de la Canal de las Vacas, y es accesible en vehículo todo-terreno a través de una pista que parte del Jito de Escarandi. Mínimamente acondicionado para albergar a unas 18 personas en colchonetas sobre tarima de madera. Abierto todo el año y guardado del 1 de junio al 1 de octubre. El resto del año llamar al teléfono (942) 55 81 57.

III-b) ACCESOS AL INTERIOR DEL MACIZO CENTRAL

Al Macizo Central se puede acceder desde Valdeón para las entradas por la vertiente oeste, desde Puente Poncebos para las incursiones desde el norte, desde los Invernales del Texu (Sotres) para entrar en el macizo por el este y desde Fuente Dé para los accesos desde el sur.

La mayor parte de las canales que descienden de las alturas del macizo hacia los valles y gargantas perimetrales son accesibles desde estos puntos de partida y constituyen, en potencia, vías de penetración. Sin embargo, no todas ellas pueden considerarse como accesos normales. Las entradas más fáciles y frecuentadas son las que se reseñan en el apartado anterior (refugios y acercamientos).

En este apartado se dan algunos datos útiles para conocer, y en algún caso recorrer, las otras rutas alternativas ya menos frecuentadas. Son en general vías de acceso más duras y comprometidas. Especialmente las canales que caen al Cares son largas y extremadamente pendientes. Además, no siempre tienen continuidad; la mayoría de ellas presentan escarpes más o menos importantes que cortan el paso en algún punto. Esto suele ocurrir en la parte más baja de las mismas, lo que puede poner en aprietos a los excursionistas que intentan bajarlas sin conocer bien los "sedos" que las franquean, sobre todo cuando la niebla los envuelve.

PUERTOS DE ALIVA

En estas altas praderías se unen el Macizo Central y el Oriental, siendo por tanto el punto más estratégico para las aproximaciones en ambos macizos. A Aliva se puede llegar desde el norte por el Valle del Duje, o desde el sur por el Río Nevandi. Una pista para todo-terreno une Sotres (Asturias) con Espinama (Cantabria) y se ramifica en los Puertos de Aliva para alcanzar de un lado las Minas de las Mánforas y de otro la Horcadina de Covarrobres, por la cual se pasa a El Cable (estación superior del Teleférico de Fuente Dé). Un buen Hotel-Refugio situado sobre la popular Llomba del Toro hace de ésta una base de partida de lujo para los más potentados. También está permitido, de momento, el acampar en Aliva.

Desde Aliva existen dos entradas al Macizo Central. Una por la mencionada Horcadina de Covarrobres y la otra por la Canal del Vidrio. Esta última posibilidad se describe en ruta nº 8, página 156.

CANAL DE LA JENDUDA

Por supuesto que el acceso más cómodo para entrar en el Macizo Central lo proporciona el Teleférico de Fuente Dé. Pero para quienes rechacen este medio (por motivos ecologistas o por que sí) existe otro modo de alcanzar los Hoyos de Lloroza desde Fuente Dé, subir por la Canal de la Jenduda. El camino asciende en amplios zigzag por el fondo del circo y rodeando una primera barrera rocosa, se pierde en un pedrero que cae de la misma Canal de la Jenduda. La canal es muy estrecha, y en ciertos puntos hay que trepar para salvar algún que otro bloque que obstruye el paso. El desnivel de Fuente Dé a Lloroza es de unos 800 m.

Tiempo aproximado: 1 h 35 min de ascensión hasta Lloroza.

CANAL DEL EMBUDO (Tornos de Liordes)

Entre la Peña Remoña y La Padierna, cayendo Hacia Fuente Dé, se abre esta popular canal. Un antiguo camino minero la recorre en continuos zigzag por su flanco derecho (en el sentido de la ascensión) y alcanza la Vega de Liordes salvando unos 900 m de desnivel.

Tiempo aproximado: 1 h 50 min de Fuente Dé a la Vega de Liordes.

CANAL DE PEDABEJO

Importante entrada al macizo desde el sur, la principal y la más cómoda antes de que se construyera el teleférico de Fuente Dé. En la ruta nº 1 (Collado Jermoso), página 132, se reseña más detalladamente este acceso.

CANAL DE LA CHAVIDA

Desde Santa Marina de Valdeón se toma el camino de Urdías y traspasando el Collado de Peranieva se alcanza fácilmente la base de la Canal de la Chavida. Remontarla hasta el collado del mismo nombre. Este collado y el Alto de la Canal, al final de la Canal de Pedabejo (antes descrita), son los dos pasos naturales para traspasar el Cordal de Peñas Cifuentes, importante barrera de cumbres que parecen proteger al Macizo Central por el sur. Desde la Collada de Chavida son fácilmente accesibles las Torres del Friero y de Hoyo Chico.

Tiempo aproximado: 1 h 25 min de Santa Marina a la Collada de Chavida.

CANAL DE ASOTIN

Esta canal y la de Dobresengros, más al norte, constituyen los accesos más normales al Macizo Central desde el oeste. Dado el bajo nivel al que discurre el Río Cares, toda esta vertiente de Los Urrieles es tan escarpada que no se habla en ella de valles, sino de canales. Algunas son auténticos canalones (o argayos según el lenguaje local) que ascienden en fortísima pendiente hasta lo más alto del macizo.

La Canal de Asotín sube hasta Liordes formando simetría con la Canal del Embudo, en el lado de Fuente Dé. Por Asotín y el Argayo Congosto se gana el Collado Jermoso, uno de los enclaves más característicos en todo el sector del Llambrión. La aproximación al Refugio de Jermoso por este itinerario se describe en el apartado anterior. Y en sentido descendente también en la ruta nº 1 (Collado Jermoso), página 132.

ARGAYO MERMEJO

Canalón que cae de Las Traviesas del Pamparroso, al oeste de La Palanca, hacia Corona. Por esta intrincada canal ascendía, tiempo atrás, un buen camino del que hoy quedan algunos restos en las zonas donde se había tallado sobre la roca viva. Por él se sacaba el mineral de una pequeña explotación minera que existió bajo la Torre del Llaz (las Minas del Rabico). Este camino enlazaba con el del Argayo Congosto a través del Collado Solano. No es una ruta de gran utilidad para el montañero normal, pero los aficionados a explorar nuevos caminos, encontrarán en él una interesante alternativa para subir al Collado Jermoso.

Tiempo aproximado: 3 h 45 min de Corona al Collado Jermoso.

CANAL DE MOEÑO

Es otra de las grandes canales de la vertiente oeste de Los Urrieles, pero es poco utilizada por los montañeros por conducir a un sector no demasiado interesante, el de la Torre de la Celada. Existe un pequeño sendero que gana altura en esta canal y llega hasta la Majada de Moeño. Este sendero arranca del Arnao, y entra en la Canal de Moeño a buena altura ya sobre El Cares, evitando así la parte baja de la misma, más difícil de transitar.

CANAL DE ARZON

Se trata de una especie de variante de la canal anteriormente citada, paralela a ésta más hacia el norte. Actualmente es muy poco utilizada ya por los pastores y el sendero que la recorre está medio perdido. Por este itinerario, mitad canal mitad traviesa, se accede igualmente a la Majada de Moeño y también se puede pasar a la parte alta de la Canal de Dobresengros.

CANAL DE DOBRESENGROS

Esta canal representa sin duda la entrada más importante en el Macizo Central desde el oeste. Parte de Casiellas y alcanza, tras superar cerca de 2.000 m de desnivel, las horcadas más altas del macizo (Horcada de Caín, Collada Labrada y Collada Blanca). El recorrido de esta popular canal se describe en la guía en sentido descendente en el itinerario nº 2 (Torre de Cerredo), página 134.

Tiempo aproximado: 3 h 15 min desde Caín al Hoyo Grande.

CANAL DE CAMARA

Por este estrecho canalón ganaban los pastores de Caín, hace ya algunos años, los pastos de Cuesta Duja. Hoy no es utilizable este acceso al haber desaparecido las "armaduras" que antes equipaban los pasos más difíciles. Los pastores que todavía tienen rebaños en la Cuesta Duja utilizan ahora los sedos del Pardo, que se describen a continuación.

EL PARDO

Más al norte de la canal anteriormente citada existe este segundo acceso a Cuesta Duja, el más utilizado en el presente por los pocos pastores que aún suben allí con sus rebaños. De Cuesta Duja se puede pasar, atravesando la Canal de Ría por el Collado del Cuebre y el Horcado Turonero, a la Canal de Piedra Bellida, alcanzando así en un complicado recorrido, las Praderías de Amuesa. Este itinerario, muy frecuentado antiguamente por los pastores de Caín, hoy ha pasado a ser casi desconocido y cada vez resulta más difícil de seguir, ya que apenas queda rastro del viejo sendero. Su descripción se encuentra en la primera parte de la travesía nº 2 (Torre de Cerredo), página 134.

CANALES DE RIA Y DEL AGUA

Mediante la combinación resultante de unir estas dos canales se obtiene la línea de ascensión más directa para acceder desde los niveles más bajos en la Garganta del Cares hasta el Jou de los Cabrones, en el sector más alto y salvaje de Los Urrieles. Esta es sin duda la entrada más dura y difícil de todo el macizo, no pudiendo ser considerada como un acceso, sino más bien como una ascensión, una auténtica actividad montañera en sí misma para la que es preciso un buen entrenamiento y ciertas cualidades montañeras. Es un itinerario muy poco frecuentado y bastante comprometido, sólo algunos pastores lo han llegado a utilizar en contadas ocasiones para subir en busca de sus rebaños de cabras.

Todo el recorrido es extremadamente salvaje, y con una total ausencia de senderos. Para afrontar con seguridad algunos de los pasajes que hay que superar en la primera parte de la Canal del Agua puede ser recomendable el uso de la cuerda. Utilizar este itinerario en sentido descendente sin conocerlo implica aceptar riesgos difíciles de evaluar.

Itinerario: Para evitar las primeras dificultades a la entrada de la Canal de Ría se puede hacer la primera parte del recorrido por Pando Culiembro para entrar en ella, ya a una buena altura, por el Horcado Turonero. Así se aprovecha el Puente Viella para cruzar El Cares. Esta solución tiene su contrapartida en el desnivel que se pierde al bajar del Horcado Turonero a la Canal de Ría. Este tramo es también algo complicado al haber desaparecido ya prácticamente el antiguo camino que atravesaba el Horcado Turonero. La mejor referencia de que se está en la horcada correcta es un característico torreón rojizo que se levanta frente a ella en la vertiente de Ría.

Al poco de iniciar el descenso hay que atravesar a la derecha para evitar un importante resalte que corta la canal de parte a parte.

Camperas de Pando Culiembro desde la Canal de Culiembro

Una vez en la Canal de Ría hay que subir por ella hasta su confluencia con la Canal del Agua. La entrada a esta última presenta un aspecto infranqueable. Por una serie de gradas herbosas a la izquierda de la canal (muy encañonada al principio) se alcanza un hombro tras el que se destrepan unos metros para entrar en la canal propiamente dicha. Allí un muro vertical parece cortar definitivamente la continuidad. Pero por la derecha existe una providencial vía de acceso que aprovecha unas pequeñas viras ascendentes hacia la izquierda. En los 100 metros siguientes continúan las dificultades para seguir el fondo de la canal, especialmente al principio de la temporada, cuando el caudal de agua es todavía importante. Son una serie de pequeñas cascadas que se pueden evitar trepando a una cierta altura por la pared derecha (en el sentido de la marcha) y atravesando a considerable altura por laderas herbosas muy inclinadas.

Una vez superados estos obstáculos, se llega a un punto donde la canal se interrumpe en un espectacular salto sobre la Canal de Ría. Allí se atraviesa la pendiente herbosa para retomar de nuevo la canal que ya no presenta dificultades destacables hasta la Collada del Agua. El desnivel aproximado de Culiembro a la Collada del Agua es de unos 1.800 m.

Tiempo aproximado: 6 h 20 min desde El Cares al Jou de los Cabrones.

PANDO CULIEMBRO

Paso tradicional, muy frecuentado antiguamente (hoy ya en total estado de abandono) a través del que se unían las majadas de Ostón y Vega Maor, en el Macizo Occidental, y las de Amuesa, en el Macizo Central. De Culiembro se pasa al Pando Culiembro atravesando el Río Cares por una rústica pasarela, el Puente Viella. El camino gana altura en un perfecto zigzagueo hasta las cabañas de La Quintana. A partir de allí ya no queda mucho del antiguo camino que subía por la Canal de Piedra Bellida hasta las majadas de Amuesa. Esta última parte del recorrido se describe en la ruta nº 2, página 136, como parte de un circuito alrededor del sector de la Torre de Cerredo.

Tiempo aproximado: 3 h 30 min de Culiembro a Amuesa.

CANAL DE SABUGO

Larga y rectilínea canal que forma una simetría casi perfecta con la de La Raya, la cual se eleva frente a ella, al otro lado del Cares, en el Macizo Occidental. El desnivel de esta empinada canal, desde el Farfao de la Viña a Amuesa sobrepasa los 1.000 m. No existe senda alguna que la recorra.

Tiempo aproximado: 3 h del Cares a Amuesa.

CANAL DE ESTOREZ

Largo canalón que corta verticalmente el Murallón de Amuesa, de parecidas características y transitabilidad semejante a la de Sabugo. Dada la extrema pendiente de estas dos canales y la ausencia en ellas de caminos, no son alternativas de aproximación muy a tener en cuenta.

DUREYU

Es el nombre de una diminuta majada colgada en medio del Murallón de Amuesa, bajo el Monte Castiello. Aunque ya no se utiliza esta majada, aún quedan pequeños restos del antiguo camino que subía hasta ella desde Poncebos, continuando todavía algunos metros más hacia el Monte Castiello. Era un itinerario sinuoso y difícil de seguir ya en aquella época. Hoy lo es aún más al desaparecer los restos de "Armaduras" que equipaban algunos de los pasos más difíciles (Armadas de Castiello).

La ascensión a Amuesa por Dureyu, aunque peligrosa y poco recomendable, puede ser interesante para aquellos que quieran profundizar en el conocimiento geográfico de Los Picos y en la forma de vida de sus antiguos habitantes. El descenso por este itinerario no es en absoluto recomendable. En 1932 se produjo en estos parajes un lamentable accidente en el que perdió la vida el montañero burgalés, Angel Enciso, cuando intentaba este descenso.

Tiempo aproximado: 3 h 30 min de Puente Poncebos a Amuesa.

CANAL DEL TEJO

Esta es la entrada más importante al Macizo Central por el norte. Se trata del acceso peatonal a Bulnes, el único pueblo que aún queda sin comunicación rodada en Los Picos de Europa. Una vez en Bulnes, existen tres posibles itinerarios de aproximación a sectores diferentes del macizo. Por la Canal de Amuesa al sector de Los Cabrones (NO); por La Jelguera al Collado Pandébano y Las Moñas (sector NE); y por la canal de Balcosín, Camburero y Jou LLuengo a la Vega de Urriello, en el centro del macizo. Este último es un itinerario de los más clásicos de Los Picos, en el cual se resume todo el salvajismo y belleza de los mismos. Desnivel de Poncebos a Urriello 1.735 m. En la ruta nº 3 (Neverón de Urriello), página 138 se describe este recorrido en sentido descendente.

Tiempo aproximado: 4 h 40 min de Poncebos a Urriello.

COLLADO PANDEBANO

Es actualmente el punto clave en los accesos al Macizo Central por el norte. Esto es así desde que se rompieran las defensas naturales del camino de Collado Vallejo con la construción de un camino hecho a base de voladuras. La reseña de este acceso hasta La Vega de Urriello se puede ver en el acercamiento al refugio allí emplazado (ver apartado III-a, Página 82).

VALLE DE LAS MOÑETAS

Es un amplio valle (el único en el Macizo Central que no lleva el genérico de canal por su mayor amplitud respecto a los demás), afluente del Duje a la altura de las Vegas del Toro. Por él se pueden alcanzar, desde estas vegas, algunas cumbres del borde oriental del macizo, Los Campanarios, La Morra, el Cuchallón de Villasobrada; y las cumbres del Cordal de Juan de la Cuadra. El desnivel desde las Vegas del Toro a las Coteras Rojas es de unos 1.300 m.

Tiempo aproximado: 2 h 15 min de las Vegas del Toro a las Coteras Rojas.

III-c) ACCESOS AL INTERIOR DEL MACIZO ORIENTAL

En Andara, las aproximaciones desde el norte se realizan partiendo de dos puntos diferentes: Sotres y Beges. La vertiente sur en cambio, mucho más humanizada, cuenta con numerosos puntos de partida. Muchos pueblos de los municipios lebaniegos de Camaleño y Cillórigo-Castro constituyen buenas bases para comenzar las ascensiones a las vertiginosas canales meridionales del menor de los tres macizos.

PUERTOS DE ALIVA

Al igual que para el Macizo Central, los Puertos de Aliva suponen una excelente base de partida para alcanzar algunas cumbres del Macizo Oriental, en particular las que se sitúan en el sector SO del mismo.

Atravesando la Cuesta Contés, hacia el norte, se alcanzan la Canal de las Grajas y la de Los Covarones. Estas dos canales constituyen las vías normales para ascender a El Prao Cortés y Cortés respectivamente (ver la reseña de la ascensión al Cortés en la página 122). Los escaladores ganan desde Aliva, por el Collado de Cámara, la base de la popular arista del Jiso.

CANALON DE JIDIELLO

Entre la Vega Fresnidiello y las Vegas del Toro, en el Valle del Duje, parte esta larga y rectilínea canal de la vertiente oeste de Andara. La ascensión del Canalón de Jidiello podría proporcionar una rápida aproximación al Pico Valdominguero y Pica del Jierru, pero apenas se utiliza, ya que este sector se alcanza más cómodamente desde el Jito de Escarandi. El desnivel desde el Duje al Collado Valdominguero es de 1.150 m. Itinerario evidente por el fondo del canalón con algunos resaltes bajo el collado.

Tiempo aproximado: 1 h 50 min de las Vegas del Toro al Cdo Valdominguero.

CANAL DE LAS VACAS

Esta es la principal entrada al Macizo Oriental por el norte. Las pistas construidas a finales del siglo pasado para explotar los yacimiento de mineral en Andara, facilitan enormemente las aproximaciones a las cumbres más altas del macizo. Una de estas pistas arranca del Jito de Escarandi y se adentra en Andara, alcanzando en un primer tramo la cabecera de la Canal de las Vacas, donde se encuentra el Casetón de Andara, bajo los escarpes occidentales de Los Picos de Mancondiú. De allí parten varios caminos hacia otras minas (todas abandonadas desde hace años).

Dos de las posibilidades de acercamiento, aprovechando viejos caminos mineros, desde el Casetón de Andara son: la que gana el Collado del Mojón por el Castillo del Grajal y la que llega hasta el Collado de Valdominguero por las Minas de Mazarrasa y las Traviesas de los Grajales. Ambos itinerarios forman parte de algunas de las rutas que se proponen en los apartados siguientes (ascensión a la Rasa de la Inagotable, página 127 y ruta nº 5, página 146).

Accesos al interior del Macizo Oriental

Vista aérea de Sotres y el Valle del Duje desde el Cueto de los Calabreros

MONTE DE LA LLAMA

Al Casetón de Andara y a las vegas del mismo nombre se puede llegar también por una pista que tiene su origen en Beges. Esta pista atraviesa el Monte de la Llama y se ramifica para alcanzar por un lado el Jito de Escarandi y por otro la Collada de Andara tras salvar un desnivel de 1.230 m en un recorrido de 13 km, que sólo son aptos para vehículos todo-terreno.

Tiempo aproximado: 2 h 10 min de Beges al circo de Andara a pie.

PUERTO DE LAS BRAÑAS

De la misma pista que asciende desde Beges a Andara, antes descrita, y a la altura del Horno del Dobrillo, parte otra variante que alcanza, por encima de los Barrancos del Corvera, el Puerto de las Brañas. Luego entra en la Canal del Valle y llega hasta otra antigua mina, la de La Aurora, al pie de la Paré Corvera. Es una aproximación poco utilizada dado lo limitado del sector que abarca.

PUERTO QUION

Partiendo de Colio (Liébana), por Los Riscos, Puerto de Quión y la Concha de Valcayo, se llega también a las Minas de La Aurora. Esta entrada al macizo se reseña con detalle en la ruta nº 6 (Pico Samelar), página 148.

LOS URRIELES Y ANDARA

CANAL DE SAN CARLOS

Esta ancha canal, bien visible desde Potes, es el acceso más representativo a Andara desde la vertiente lebaniega. Partiendo de Argüébanes o Viñón se ganan, cómodamente por pistas, los Puertos de Ullances. La pista continúa todavía más arriba, hasta la Majada de Trulledes, donde se inicia la empinada Canal de San Carlos. Desde Trulledes se puede cruzar la línea divisoria de cumbres por otros dos pasos, El Rendijón y La Héndida, reseñados en la ruta nº 6, página 148.

Tiempo aproximado: 3 h 35 min de Argüébanes al Collado de San Carlos.

CANAL DE JONFRIA

Para llegar al Collado de San Carlos existe otra variante utilizada por los habitantes de Lon. Se trata del antiguo camino de Las Buscas, que antiguamente daba servicio a las Minas de Viaje. Estas minas están situadas al pie mismo de la Canal de Jonfría. Desde la Horcada de Jonfría se atraviesa la vertiente oriental del Pico del Sagrado Corazón para salir al Collado de San Carlos. Itinerario más comprometido que el anterior y de un desnivel similar, unos 1.500 m.

Tiempo aproximado: 3 h 40 min de Lon al Collado de San Carlos.

CANAL DE LAS ARREDONDAS

Es una de las dos grandes canales de la vertiente meridional de Andara (la otra es la de Lechugales). En ella subsisten los restos de un antiguo camino minero por el que se bajaba el mineral de una pequeña explotación situada en lo más alto de la canal. Gracias a este camino y el que atraviesa el Collado del Mojón proveniente del norte, se puede cruzar el Macizo Oriental sin apenas dificultades y pasando casi por lo más alto del macizo. El desnivel de esta canal desde Lon es de casi 1.800 m.

Tiempo aproximado: 4 h 45 min para la ascensión desde Lon. En el apartado siguiente (ruta nº 7, página 152) se describe el descenso por esta canal.

CANAL DE UNTUJE

Entre las dos grandes canales características de la vertiente sur de Andara, la de las Arredondas y la de Lechugales, se descuelgan una serie de marcados contrafuertes. Entre ellos se abren un buen número de estrechas canales. Todas ellas van a descargar sus pedreros en la Canal de las Arredondas, a la altura de Las Allemas.

Son canalones muy poco frecuentados por los montañeros, dada su escasa utilidad para acercarse a las principales cumbres del macizo. Sin embargo, los pastores, en otro tiempo, las recorrían con frecuencia siguiendo a sus rebaños. Todas tienen salida, más o menos difícil hacia la Canal de Lechugales a través de altas horcadas (Hda Los Cardos, Hda del Pino Cimero, Hda del Pino Bajero etc). La más meridional de todas ellas, la de Untuje, era la que más utilizaban los pastores de Lon para conducir a sus rebaños desde Las Cabañas, al pie de Las Arredondas hasta los Puertos de Aliva. Por la Canal de Untuje y doble collado del mismo nombre, pasaban a La Campa, al pie de la Canal de Lechugales. Después faldeaban por las Traviesas de Somajía, bajo los Murallones del Cortés, y por el Cotero de los Placeres llegaban al Collado de Cámara para entrar en Aliva. Es una ruta poco conocida por los montañeros, pero posee un indiscutible interés, ya que a través de ella se tiene la oportunidad de conocer el fantástico ambiente de la vertiente meridional de Andara.

CANAL DE LECHUGALES

De características parecidas a la de las Arredondas, pero más abrupta que aquella. Su cabecera se sitúa entre las dos cimas más altas del Macizo Oriental, La Morra de Lechugales y la Silla de Caballo. Los detalles del recorrido se describen en la ruta nº 7 (Morra de lechugales), página 152.

III-d) CUMBRES PRINCIPALES DE LOS URRIELES (ASCENSIONES)

Como puede verse en la lista de cumbres que figura en el reverso del mapa correspondiente, los Macizos Central y Oriental de Los Picos de Europa reúnen un buen número de cumbres. Las señaladas en negrita, son las más interesantes desde el punto de vista montañero y la descripción de sus rutas normales de ascensión se detallan en las páginas siguientes. Las más fáciles están señaladas además con un asterisco a la izquierda; éstas no se describen en esta guía, pero se puede encontrar información sobre ellas en la guía "PICOS DE EUROPA, Ascensiones y Travesías de Dificultad Moderada", del mismo autor.

El orden en que van apareciendo es más o menos geográfico de NO a SE, y agrupadas por zonas según el acceso a las mismas. El color y las siglas a continuación del nombre y la altitud de la cima se refieren a su nivel y grado de dificultad, de acuerdo con lo que se comenta en la página 12. Las ascensiones más fáciles, que no llegan al primer grado de dificultad (F), no llevan sigla.

CUETOS DEL TRAVE 2.253 m PD

La punta más alta de este grupo de cumbres que se alinean al norte del Jou de los Cabrones se gana sin demasiadas dificultades desde el camino que va desde la Cuesta del Trave al refugio José R Luege. Seguir las indicaciones de la ruta nº 3 en el apartado anterior. En la línea 15 de la página 139 se habla de una corta trepada en la que una cuerda fija ayuda a alcanzar una pequeña brecha. Antes de este pasaje, abandonar el camino para remontar en toda su longitud la ancha canal que asciende a la derecha (Esta canal es la más evidente y es ya visible cuando se remonta la Cuesta del Trave, a la izquierda de la característica cuevona de boca cuadrada). Se llega así a las rocas finales que hay que trepar para alcanzar la cima.

Tiempo aproximado: 3 h 20 min desde Amuesa, ida y vuelta.

PICO DOBRESENGROS 2.395 m PD

Se conoce con este nombre a un pequeño grupo de torres situadas al oeste del Jou de los Cabrones, y que se alinean entre el Pico de los Cabrones y los Cuetos del Trave. Al igual que sus otras compañeras del cordal, desde estas cimas se contempla una magnífica panorámica del Macizo Occidental.

Picos de Europa

Itinerario: Ninguna de las cumbres que componen el grupo es totalmente fácil de alcanzar. La más septentrional de ellas, cuya atractiva pared oriental, se eleva frente al refugio, se puede alcanzar siguiendo el filo de su arista norte, pero para ello puede ser necesario el uso de la cuerda como medio de seguro. Dos cumbres más al sur se encuentra la cota más alta (2.395 m). Esta cima tampoco cuenta con un itinerario fácil de ascensión, y alcanzarla supone contar con la cuerda como medio seguro. Existen varias canales, que de forma más o menos directa y con dificultades que van desde el II al IV+, conducen a la cima. En la vertiente SE, mirando al Pico de los Cabrones, se abre una estrecha canal rematada por una difícil chimenea (IV+). Al salir de dicha chimenea se siguen una serie de aéreas cornisas ascendentes (roca mediocre) que conducen bajo un gran desplome a la arista cimera, la cual se escala también sobre roca de mala calidad.

La vía más fácil, sin embargo, consiste en un sinuoso itinerario a través de las gradas y canales que se sitúan, colgadas a cientos de metros sobre la Canal de Dobresengros, en la vertiente oeste del pico. Para ello, rodear el pico para pasar a la vertiente sur y ganar (trepando por una corta y fácil canal), una primera brecha. Luego se deben destrepar unos 40 m sobre un vacío impresionante hacia el otro lado (O) para alcanzar las citadas canales. Seguirlas sin dificultad hasta la base del torreón final, al cual se asciende en una trepada de unos 80 m no muy difíciles (III), pero en los que la calidad de la roca exigen atención.

Tiempo aproximado: 3 h 15 min desde el refugio José R Luege, ida y vuelta.

Vertiente norte de las Agujas y Pico de los Cabrones desde los Dobresengros

PICO DE LOS CABRONES 2.553 m AD inf

Esta airosa cumbre forma, junto con las agujas que llevan su mismo nombre, la Torre de Cerredo y la Torre de Labrouche, un espectacular circo de características muy alpinas, el Jou Negro. A la sombra de estas cumbres se conserva un viejo helero, testimonio del glaciarismo del Cuaternario en Los Picos.

La ascensión a esta cumbre no es fácil por ninguna de sus caras. La vía que se considera más normal es la del Jou Negro, al cual se puede llegar sin problemas desde el refugio del Jou de los Cabrones (reseña de la aproximación a este refugio en la página 84).

Itinerario: Una vez en el Jou Negro, remontar el nevero de la base y trepar por una sucesión de gradas y llambrias hacia la derecha. Después trepar por una canal-chimenea que conduce directamente a una brecha en la crestería sur del Pico. Seguir dicha cresta hasta la cima (pasos de II y III).

Tiempo aproximado: 4 h 40 min desde el refugio José R Luege, ida y vuelta.

TORRE DE CERREDO 2.648 m PD

La cumbre reina de Los Picos por su superior altitud. Su situación permite obsevar una de las mejores panorámicas y su ascensión normal, mediante una corta pero atractiva trepada es de lo más gratificante. Para los alpinistas también existen en sus flancos norte y oeste itinerarios de gran dificultad e interés. Sin duda una de las cumbres más visitadas de Los Picos de Europa.

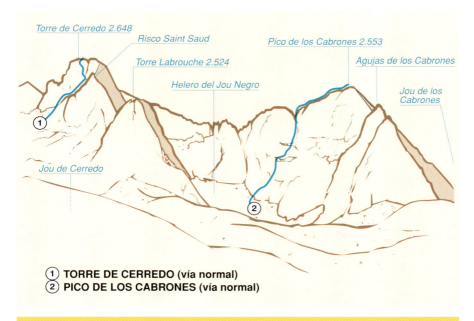

① **TORRE DE CERREDO (vía normal)**
② **PICO DE LOS CABRONES (vía normal)**

Picos de Europa

De izquierda a derecha, Torre Labrouche, Risco Saint Saud y la Torre de Cerredo, desde el Jou Negro

Para llegar a la base de la vía normal (cara SE) desde el Refugio del Jou de los Cabrones, ver la segunda parte de la ruta nº 2 en la página 134. También se puede alcanzar la base desde la Vega de Urriello por la Corona del Raso y la Horcada Arenera, o partiendo de El Cable para pasar por los Horcados Rojos y la Horcada de Don Carlos, tal como se describe en la ascensión al Pico Boada. Esta última ruta es la menos recomendable, aunque fue la que siguieron los primeros ascensionistas en 1.892 (los pirineistas franceses Saint Saud, Labrouche y Salle con el natural de Espinama, Juan Suárez).

Itinerario: Una vez situados frente a la pared SE de la montaña, subir buscando el mejor itinerario a traves de un terreno bastante caótico de llastrales y pedreros. A la derecha de la vertical de la cumbre se abre una canal normalmente ocupada por un nevero. Trepar por esta canal durante unos pocos metros y al llegar a un gran bloque que obstruye el paso, trepar unos pocos metros por la derecha (II) para evitarle y luego sobre él atravesar para entrar de nuevo en la canal. Esta desaparece en seguida y hay que pasar a la izquierda para trepar por una sucesión de estrechas viras escalonadas (II, más espectacular que difícil) que en diagonal conducen a una minúscula brecha. Atravesar esta brecha y tomar una pequeña canal-diedro que en segundos conduce a la cresta cimera, (ver croquis de la página anterior).

Tiempos aproximados: 4 h 20 min desde el refugio José R Luege, tiempo de ida y vuelta. Entre 10 y 11 h para hacerlo desde El Cable.

Vista de la pared SO de la Torre Coello desde el Hoyo Tras Llambrión

TORRE COELLO 2.584 m F

Esta torre, que presenta una llamativa pared hacia el Hoyo Grande, está dedicada a Francisco de Coello de Portugal y Quesada (1.822-1.898), uno de los grandes impulsores de la cartografía española y autor de uno de los primeros mapas en los que ya se hacía referencia a Los Picos de Europa.

Itinerario: La vía normal de la Torre Coello, discurre por su cara NE, la que mira al Jou de Cerredo. Servirse de la reseña de la ruta nº 2 (página 134) para llegar al jou desde el refugio del Jou de los Cabrones en su segunda parte, o acercarse desde el refugio de la Vega de Urriello por la Corona del Raso y Horcada Arenera. Una vez en el Jou de Cerredo, la ascensión es evidente a través de las laderas rocosas que caen de la cima.

Tiempo aproximado: 3 h 50 min desde el Jou de los Cabrones, ida y vuelta; y 4 h 20 min si se parte de Urriello.

PICO BOADA 2.523 m PD inf

Es una de las cumbres que forman el Circo del Jou de Cerredo, situada al NE de la Collada de Don Carlos. El nombre de esta cumbre recuerda al destacado montañero y cartógrafo José María de Boada y García-Guereta, autor del popular mapa del Macizo Central que desde su publicación en 1.935 fue una auténtica guía para muchos montañeros.

Picos de Europa

De izquierda a derecha: La Párdida, el Pico Boada, la Horcada de D Carlos y la Torre del Oso

Itinerario: La ascensión al Pico Boada se puede hacer en pocos minutos y sin muchos problemas desde la Horcada de Don Carlos. Para alcanzar este alto paso a partir del refugio del Jou de los Cabrones, ver la reseña de la ruta nº 2 (pág 134). Otras formas de llegar a la Horcada de Don Carlos son: desde Urriello por el Jou sin Tierre y desde El Cable por los Horcados Rojos. Para esta última aproximación consultar la reseña de la ascensión a los Picos de Arenizas. Cuando en esta reseña dice "alcanzar la horcada que se sitúa entre la cumbre norte y la central...", no hacer ésto, sino continuar rodeando para alcanzar la Horcada de Don Carlos.

Tiempo aproximado: desde el Jou de los Cabrones, ida y vuelta, 4 h 40 min, y desde El Cable 6 h.

TORRE DE LA PARDIDA 2.596 m PD inf

Cumbre que remata por el este el circo del Jou de Cerredo. Hacia el NE comparte collado con el Neverón de Urriello (Horcada del Neverón). Es por esa vertiente por donde se alcanza la cumbre con más facilidad. Ver reseña del Neverón de Urriello.

NEVERON DE URRIELLO 2.559 m PD inf

Doble cumbre que se sitúa frente a la Pared Oeste del Naranjo de Bulnes, lo que hace especialmente interesante su ascensión por la aérea panorámica que se contempla del Picu y sus cumbres vecinas.

Esta atractiva montaña, satélite de la Vega de Urriello, presenta hacia el este una muralla en la que se han abierto algunas interesantes rutas de escalada. La vía

Cara norte del Neverón de Urriello. A la izquierda, el Diente de Urriello

normal de ascensión al Neverón de Urriello se hace sin apenas dificultades por su vertiente oeste, accesible desde el Refugio de Cabrones o desde la misma Vega de Urriello a través de la Corona del Raso y la Horcada Arenera.

La ascensión consiste en una entretenida trepada a través de llambrias y pequeños escalones sin muchas dificultades, pero que exige algo de atención para seguir siempre el terreno más seguro (ver más detalles en la ruta nº 3, página 140).

Tiempo aproximado: 2 h 20 min desde el Jou de los Cabrones, ida y vuelta. Desde Urriello se invierte un horario similar.

CUETO ALBO 2.414 m F

Es la primera cumbre del grupo de los Albos por el Norte. Su ascensión puede hacerse por dos rutas normales, ambas partiendo de Bulnes. La más cómoda es la del corredor NO, que sube desde el Jou LLuengo entre el Cueto y el Pico Albos. Pero muchos montañeros no pueden resistir la tentación de afrontar la impresionante ladera norte, una pendiente extremadamente regular que domina el pueblo de Bulnes y llama la atención cuando llegamos a Poncebos. La ascensión de esta gran pendiente es una buena prueba de resistencia. Una actividad interesante consiste en hacer el ascenso por esta vertiente y el descenso por la canal NO.

Itinerario: Desde Bulnes, subir por una senda poco marcada a la Majada de Acebuco, atravesando el monte del mismo nombre. Una vez en la majada, ascender a lo largo de la amplia ladera buscando los puntos más débiles de la misma.

Tiempo aproximado: 4 h 30 min desde Bulnes, ida y vuelta.

Picos de Europa

PICO DEL ALBO 2.442 m F

Vecino al Cueto Albo, antes reseñado, su ascensión puede hacerse uniendo los dos picos, para ello hay que flanquear la brecha que los separa. Corto destrepe y posterior trepada de escasa dificultad. También se puede llegar a esta brecha por el corredor NO.

Tiempo aproximado: 5 h 15 min desde Bulnes, ida y vuelta.

PICO URRIELLO (O NARANJO DE BULNES) 2.519 m D inf

El Pico Urriello es sin duda alguna la montaña más bella de Los Picos de Europa. Su cumbre no puede ser alcanzada sin escalar, lo cual supone todo un reto, desde el punto de vista del montañismo de dificultad. Son muchos los escaladores que acuden cada año para intentar llegar a la cúspide del popular monolito. Unos con el ánimo de pisar sólo su cumbre y otros, con una preparación técnica mejor, para medirse con sus paredes más largas y difíciles.

La primera ascensión a "El Picu", realizada por Don Pedro Pidal, Marqués de Villaviciosa, y Gregorio Pérez "El Cainejo" el 5 de agosto de 1.904, marcó el inicio de la historia de la escalada en nuestro país.

La ascensión al Naranjo, aún por su vía más fácil, supera con creces el propósito de esta guía, dirigida a los montañeros ya de un cierto nivel pero sin llegar a ser escaladores. Sin embargo, esta montaña no podía quedar excluida de la selección de cumbres cuya ascensión se recomienda en esta publicación.

La impresionante pared oeste del Pico Urriello desde la Corona del Raso

Entrando en el Anfiteatro

Picos de Europa

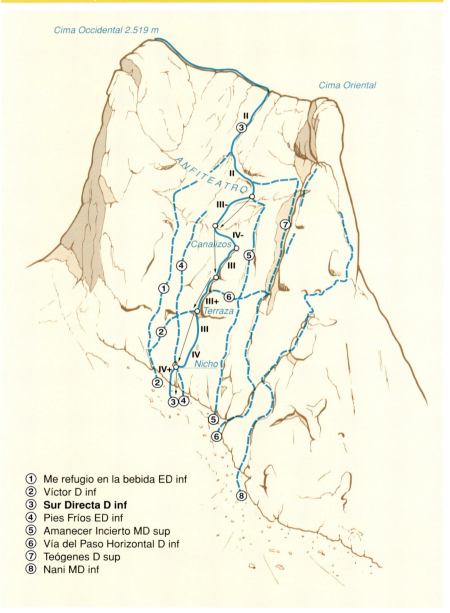

① Me refugio en la bebida ED inf
② Víctor D inf
③ **Sur Directa D inf**
④ Pies Fríos ED inf
⑤ Amanecer Incierto MD sup
⑥ Vía del Paso Horizontal D inf
⑦ Teógenes D sup
⑧ Nani MD inf

Es recomendable que aquellos que no practican la escalada con asiduidad, lo hagan durante algún tiempo aunque sea de un modo esporádico y sólo como entrenamiento, antes de realizar esta escalada; de lo contrario es mejor contratar para ello los servicios de un guía.

La vía más fácil y recomendable es la directa de los Martínez de la cara sur. Este itinerario fue abierto el 13 de agosto de 1.944 por los hermanos Alfonso y Juan Tomás Martínez, entonces guías del Naranjo, mientras ascendían con seis clientes.

El trazado de la vía es directo, lo que evita los péndulos en caso de caída del segundo de cuerda. Además es la misma vía de descenso, con lo que es posible retirarse desde cualquiera de los cinco largos de cuerda que se han de escalar en la primera parte de la pared, hasta el borde del anfiteatro cimero. En la segunda mitad, por el Anfiteatro Sur, el terreno es ya más tumbado y se puede progresar sin asegurar, pero prestando siempre atención, sobre todo si hay otras cordadas por debajo, ya que por descuido se puede dejar caer alguna piedra. Los pasos más difíciles están en los dos primeros largos, que son los de mayor verticalidad. Después la pared se tumba algo y los agarres son más abundantes. La roca es siempre de una inmejorable calidad y adherencia. Las reuniones estás bien equipadas, pero para los largos hay que llevar algunos empotradores y anillos de cuerda para los puentes de roca.

Itinerario: Situados en la base de la pared sur, aproximadamente en su centro, escalar un primer largo de canalizos verticales justo a la izquierda de una zona desplomada bajo la que se aprecian las marcas de una placa conmemorativa hoy desaparecida. El primer relevo se sitúa a unos 15 metros, en un cómodo nicho. El segundo largo comienza saliendo a la derecha del nicho en una travesía de unos 6 ó 7 metros, aprovechando al principio una estrecha vira para los pies (evitar el salir del nicho hacia arriba por canalizos que parecen evidentes, pero que no tienen salida más arriba). Luego el terreno, menos vertical y con mejores agarres, permite el ascenso directo. Con cuerdas de 50 m se puede llegar de un solo largo a la terraza central de la pared, de lo contrario es necesario hacer un relevo intermedio algo incómodo en un puente de roca.

Después de la gran terraza intermedia el itinerario es más evidente, ya que se sigue el diedro formado por una gran laja hasta su borde superior. Allí vuelve a presentarse un poco de problema. Se trata de subir sólo unos metros directamente y enseguida atravesar diagonalmente por un compacto muro de canalizos (Tubos de Organo) para alcanzar, a la izquierda, un nicho en el que se sitúa el anclaje del primer rapel. El croquis de la página anterior muestra el itinerario con todos los datos técnicos.

Para el descenso se utiliza la misma vía de ascensión, como ya se explicaba antes, pero existe otra posibilidad de descenso más directo a partir del 2º rapel (utilizable sólo con cuerdas de 50 m). Por esta variante, se evita el último rapel y puede ser útil además en caso de embotellamiento.

Tiempo aproximado: 1 h 20 min desde la Vega de Urriello a la base de la cara sur. La escalada y descenso se pueden efectuar bien en unas 2 h 20 min. El tiempo total desde la Vega de Urriello, ida y vuelta, es de unas 4 h 40 min.

Picos de Europa

LA MORRA 2.554 m PD

Esta doble cumbre es la más alta del circo que se cierra en torno al Jou Tras el Pico. El corredor que cae entre las dos cimas hacia el norte, frente a la cara sur del Pico Urriello, ofrece interesante ascensión invernal.

Aunque la vía que podemos considerar como normal es la de la cara sur, una forma también fácil y además bonita de alcanzar la cumbre de La Morra es siguiendo su arista NE, a partir de la Torre de las Colladetas. De esta manera se va obteniendo una vista cambiante de "El Picu" a todo lo largo de la ascensión.

Itinerario: Desde la Vega de Urriello, rodear el Naranjo de Bulnes ascendiendo por la Canal de la Celada para llegar al collado de ese mismo nombre, situado bajo la cara sur del Picu. Después subir a la izquierda diagonalmente, atravesando los pedreros, en dirección a la Collada Bonita, brecha característica situada entre la Aguja de los Martínez y la Torre de las Colladetas. Una vez debajo de esta brecha, atravesar a la derecha bordeando la base de la Torre de las Colladetas para trepar a su horcada SO. Allí se inicia la arista NE de La Morra, la cual se sigue hasta la cima. Pasos aéreos de II+ al principio, luego la arista se ensancha y se hace más fácil de seguir.

Tiempo aproximado: 4 h 20 min desde Urriello, ida y vuelta.

La inconfundible doble cumbre de La Morra apareciendo tras los Tiros de la Torca. A la der, Los Campanarios

CUCHALLON DE VILLASOBRADA 2.461 m PD sup

Cumbre de aspecto inaccesible que se separa del Cordal Peña Castíl-La Morra hacia el SO, en la parte alta del Valle de las Moñetas. En sus verticales paredes se han abierto algunas vías de cierta dificultad, siendo la ruta más fácil la que sigue la canal NE, accesible desde el Jou de la Arena. A este jou se puede llegar desde la Vega de Urriello por la Collada Bonita, desde El Cable por el Collado de la Canalona y desde Las Vegas del Toro por el Valle de las Moñetas, solución esta última más dura pero también más directa.

Itinerario: Desde las Vegas del Toro, ascender a todo lo largo del Valle de las Moñetas, con tendencia hacia la derecha en la parte alta. La propia cima del Cuchallón, siempre visible, es la mejor referencia. Hay que subir a su derecha para ganar un pequeño hoyo (Jou de la Arena), desde donde se ve bien la canal NE a la izquierda de la vertical de la cima. Trepar por dicha canal, la cual presenta algunas dificultades a partir de la mitad (cortos pasajes de entre II y III- algo expuestos).

Tiempo aproximado: desde las Vegas del Toro, ida y vuelta, entre 5 y 6 h.

PEÑA CASTIL 2.444 m

Cumbre de privilegiada situación en el sector NE del macizo. Su ascensión es una de las más clásicas de Los Picos de Europa en parte por su cómodo acceso desde Pandébano, en parte por la magnífica vista que ofrece de todo el sector y en especial de la cara norte del Naranjo de Bulnes.

El Itinerario de ascensión a Peña Castil partiendo de los Invernales del Tejo y pasando por el Collado Pandébano y Las Moñas, es frecuentemente recorrido con esquis en época invernal, dada la suave naturaleza del terreno. Esta ruta se describe con detalle en la guía como parte del circuito nº 4 (página 142).

TORRE DE LA CELADA 2.470 m PD sup

Conocida también como Torre de Don Pedro Pidal, en memoria al promotor y coautor de la primera ascensión al Pico Urriello. Su escarpada vertiente NO se levanta airosamente al final de la Canal de Moeño, mientras que por el SE se une en una alta collada con la Torre de la Palanca. Es desde esta collada, Collada Celada, desde donde es más asequible la ascensión a esta cumbre. Existen dos posibilidades para alcanzar la Collada Celada: una desde Cabaña Verónica, por la Collada Blanca y atravesando por debajo de la pared NE de la Torre de la Palanca (1 h 15 min desde Verónica), y la otra desde el refugio de Collado Jermoso, atravesando las vertiginosas canales y gradas del Pamparroso, posibilidad ésta última más rápida, pero más difícil (50 min desde Cdo Jermoso).

Itinerario: Descender algunos metros desde la collada hacia el lado del Pamparroso (SO) (ésto no es necesario si se viene de Collado Jermoso) y atravesar bajo los escarpes de este lado de la torre en dirección a la Torre del Hoyo de la LLera (algunos pasos delicados en estas travesías). De este modo se llega a la base de una canal por la que se trepa hasta cerca de la cumbre.

Tiempo aproximado: 40 min desde la collada a la cima.

TORRE DE PEÑALBA 2.424 m AD inf

Aunque no está entre las más altas del macizo, la Torre de Peñalba es una cumbre conocida por todos los montañeros que frecuentan Los Picos de Europa. El estar situada justo encima del Collado Jermoso y la historia de las primeras ascensiones en su cara sur, la han hecho ganar esta popularidad. No cuenta con ningún itinerario de ascensión fácil siendo necesario efectuar pasos de escalada en todas sus vías. La más fácil es la que discurre por las canales de la cara O.

Itinerario: Del Collado Jermoso pasar a la cara oeste de la torre atravesando el collado entre ésta y la Torre del Llaz. Escalar un corto resalte vertical que da acceso a una primera grada de piedras sueltas. Los pedreros sobre gradas de fuerte inclinación cortadas de cuando en cuando por resaltes rocosos, es la tónica general de esta vertiente, en la que no es fácil orientarse. Se trepa por pequeñas canales para ir superando cada resalte. Hay que guiarse por la intuición y por algunos hitos que señalan el mejor camino. Se llega así al Bloque Cimero, de aspecto inaccesible. Escalar una placa a la izquierda de un bloque adosado y luego un pequeño desplome.

Tiempo aproximado: 2 h 20 min desde el Collado Jermoso, ida y vuelta.

TORRE DE LA PALANCA 2.614 m F

La Palanca es una de las cumbres más significativas de Los Urrieles. Hacia el NE presenta una imponente muralla de características muy particulares, inconfundible sobre todo cuando la reviste la nieve. Por el sur se prolonga en una erizada crestería que termina en la Torre de Peñalba, bajo la cual se encuentra el Collado Jermoso. Es del refugio Diego Mella, allí emplazado, de donde se parte para efectuar la ascensión a La Palanca por su vía más normal.

Itinerario: Del refugio de Collado Jermoso, subir al Hoyo del Llambrión por una buena senda que zigzaguea en la parte alta del Argayo Congosto, sobre el Camino de las Colladinas. Una vez allí, hay que arrimarse un poco a la base de la Torre Diego Mella y subir directamente por la vertiente sur de La Palanca. Terreno no muy grato compuesto de llambrias y pedreros, pero sin apenas dificultad.

Tiempo aproximado: 2 h 30 min desde Collado Jermoso, ida y vuelta.

TORRE DEL LLAMBRION 2.642 m PD

Esta montaña, la segunda más alta de Los Picos después de la Torre de Cerredo, fue ascendida por primera vez en 1.856 por el pionero del montañismo español Casiano de Prado en compañía de Joaquín Boquerín. Ambos montañeros creían estar subiendo a la cumbre más alta de Los Picos, pero después de instalar un nivel en la cumbre, comprobaron que otra cumbre más al norte, la Torre de Cerredo, se levantaba unos pocos metros por encima de ellos.

En la ruta nº 10 de este mismo capítulo (página 164) se puede encontrar más información sobre esta cumbre así como el modo de llegar a ella desde la Cabaña Verónica. También es posible subir desde Collado Jermoso, pasando por el Tiro Callejo.

Paso del Tiro Callejo desde el Hoyo del Llambrión

Itinerario: Desde el nevero de la cara norte, cerca del Tiro Callejo, ganar la cresta norte de la montaña mediante una corta trepada por grandes llastralezas. Seguir después la cresta hasta la cima (pasos de II y III-).

Tiempo aproximado: 3 h 40 min desde la Cabaña Verónica, ida y vuelta.

TIRO TIRSO 2.640 m PD sup

Cumbre situada al este de la Torre del Llambrión, formando entre ambas torres una marcada brecha. Más al este se prolonga en una aérea crestería que llega, sin apenas perder altura, a la Torre Blanca.

El Tiro Tirso no es una cima fácil de alcanzar por ninguna de sus caras. La primera ascensión a esta montaña no se registró hasta 1.906. Su autor fue el alpinista alemán Gustavo Schulze, quien la realizó unos días antes de su escalada en solitario al Naranjo de Bulnes.

La vía normal al Tiro Tirso es la que recorre su arista NO, la misma que utilizó Schulze para bajar de la torre después de subir por la cara sur. Es una vía aérea, sobre roca excelente y que se desarrolla dentro de un bonito marco de alta montaña. Una vez en la cumbre, se puede continuar cresteando hasta la Torre Blanca y realizar de esta manera una interesante actividad cuya dificultad se sitúa en AD (roca de mediocre calidad en casi toda la cresta).

Picos de Europa

Vía Normal del Tiro Tirso

Itinerario: Desde el helero de la cara norte, en la parte más alta del Hoyo Tras Llambrión (ver detalles en la ruta nº 10, página 164), acercarse a la brecha entre el Tiro Tirso y la Torre del Llambrión. Allí comienza la escalada de la corta arista este, que sin demasiados problemas de itinerario conduce en una entretenida trepada a la misma cima del Tiro Tirso.

Tiempo aproximado: 6 h 20 min desde El Cable, ida y vuelta. También se puede hacer esta ascensión partiendo del Collado Jermoso y subiendo por el Tiro Callejo en unas 3 h 20 min.

PICO DE LA PADIERNA 2.319 m

Este pico que se alza airoso sobre la Canal del Embudo (Tornos de Liordes) cuando se la contempla desde Fuente Dé, ofrece una de las ascensiones más sencillas y gratificantes de cuantas se pueden realizar en el Macizo Central.

Itinerario: Desde El Cable, seguir por la pista que se dirige hacia la Horcadina de Covarrobres y, en la curva que ésta hace hacia la derecha antes de dirigirse a la horcadina, dejar la pista y bajar a los Hoyos de LLoroza siguiendo los restos de un viejo camino minero. Atravesar la depresión sin perder altura por la izquierda para ir en dirección oeste hacia la entrada de la Canal de San Luis. Seguir dicha canal hasta su final, en el Hoyo Oscuro. Sin llegar a entrar en este hoyo, virar a la izquierda (S) y subir por el filo de una ancha loma que asciende diagonalmente hacia la Colladina de las Nieves (hasta el Hoyo Oscuro hay un pequeño sendero, luego hitos hasta la colladina). Desde la Colladina de las Nieves subir en pocos minutos la fácil y corta ladera norte de la Padierna.

Tiempo aproximado: 2 h 20 min desde El Cable, ida y vuelta.

PICO SAN CARLOS 2.390 m F

La vía de ascensión más cómoda a esta cumbre es la de su arista oeste, la cual arranca en la Horcada Verde. Para llegar a esta horcada desde El Cable el mejor camino es el de la Canal de San Luis y Hoyo Oscuro, descrito líneas antes en la ascensión al Pico de la Padierna.

Tiempo aproximado: 2 h 20 min desde El Cable, ida y vuelta.

TORRE DEL HOYO OSCURO 2.417 m F

Pequeña cumbre que recibe su nombre de la cerrada depresión que existe bajo su cara sur. La forma más fácil de alcanzar esta cima es desde los Tiros de Casares, alta horcada a la que se puede llegar desde El Cable por la pista de las Minas de Altáiz, y atravesando luego el Hoyo Sin Tierra por debajo de la cara NE del Pico San Carlos.

Tiempo aproximado: 2 h 45 min desde El Cable, ida y vuelta. Ver aproximación a los Tiros de Casares en la ascensión al Madejuno, a continuación.

MADEJUNO 2.513 m PD

El Madejuno es una atractiva montaña que forma crestería hacia el NO con el Tiro Llago. El recorrido integral de esta crestería es una de las actividades de mediana dificultad (AD) más clásicas y bellas del macizo. Realizada por primera vez en el año 1.955 por Pedro Udaondo, Jesús Rodríguez, Angel Llorente y Arturo Fernández.

La vía más fácil para alcanzar la cima del Madejuno es la que sigue el espolón SE, arrancando en los Tiros de Casares. Se trata de una corta y agradable trepada sobre una roca de excelente calidad.

Para llegar a los Tiros de Casares, desde El Cable, adentrarse en el macizo por la pista de La Vueltona y seguirla hasta su extinción, en el Collado de Fuente Escondida. Una vez en el collado, dejar la pista y seguir de frente por un sendero poco marcado que atraviesa sin perder altura los pedreros que caen de los paredones orientales del Pico San Carlos hacia el Hoyo Sin Tierra. Más adelante el sendero desaparece y hay que atravesar medio trepando los contrafuertes orientales de la Torre del Hoyo Oscuro, a la cual se rodea para ganar tras ella los Tiros de Casares.

Itinerario: Pasar al otro lado del collado para rodear por la vertiente SO unos primeros gendarmes y ganar por una fácil canal una segunda brecha más alta situada al pie mismo del espolón SE del Madejuno. Atravesar unos pocos metros a la derecha del espolón (E) para entrar en una larga fisura-diedro de poca inclinación que no presenta muchas dificultades (II y un paso de III que se puede proteger mediante un puente de roca si se usa cuerda). A la salida del diedro se encuentra otro pequeño resalte de parecida dificultad que da acceso a las llambrias de la cumbre.

Tiempo aproximado: 40 min para la escalada. 4 h desde El Cable, ida y vuelta.

TIRO LLAGO 2.567 m PD sup

Esta doble cumbre se sitúa al sur de los Hoyos Sengros, en la línea de cumbres que se prolongan en dirección SE desde el Llambrión hasta la Torre de Altáiz. No es una cumbre fácil de alcanzar, y por alguno de sus flancos discurre alguna interesante vía de escalada. La ruta normal desde Cabaña Verónica ofrece una inteligente y bonita ascensión y la panorámica desde la cima es formidable.

Itinerario: Desde la Cabaña Verónica (ver acercamiento en la página 82), ascender por la loma rocosa en la que se sitúa el refugio. Enseguida se alcanza un cotero, seguir entonces hacia la izquierda (SO) por el filo de otra loma muy accidentada que separa los Hoyos Sengros de otros que forman parte de la depresión del Hoyo Sin Tierra. Se llega así a un collado situado frente a la cara norte del Tiro Llago. Seguir por otra loma rocosa (en realidad la prolongación de la veníamos siguiendo). Más arriba hay que atravesar a la izquierda para subir a una angosta brecha ya en plena cresta Tiro Llago-Torre Blanca.

Pasar a través de esta brecha a la otra vertiente para rodear unos primeros gendarmes sobre una pequeña depresión. Unos 50 m por encima de estas pequeñas agujas se gana una segunda brecha, más alta y más pequeña que la anterior. Atravesarla y bajar unos pocos metros por una estrecha canal terrosa que sube por

Cara norte del Tiro Llago con el trazado, a la derecha, de la ruta normal de ascensión

el lado norte para tomar pie a la derecha en una especie de oquedad. Salir de ella escalando un pequeño muro desplomado por la izquierda (III) y alcanzar un aéreo hombro en plena vertiente de los Hoyos Sengros (NE), y en el que se suele montar un corto rapel sobre un anillo de cuerda en la bajada. El hombro se prolonga en un espolón poco vertical que se trepa por el mismo filo (II) hasta un punto donde resulta más fácil atravesar a la derecha para alcanzar las llambrias cimeras.

Tiempo aproximado: 45 min de la escalada. Desde la Cabaña Verónica, ida y vuelta, 3 h 30 min.

TORRE BLANCA 2.617 m F

Importante cumbre del Sector del Llambrión, visible a la izquierda de la Collada Blanca cuando se mira desde la Cabaña Verónica. Es precisamente desde este pequeño refugio desde donde se inicia la ascensión por la ruta más fácil de esta montaña.

Itinerario: Desde El Cable, ganar la Cabaña Verónica y luego la Collada Blanca (ver reseña en el ruta nº 10, página 164). Una vez en la Collada Blanca, ascender por el lateral izquierdo (vertiente de los Hoyos Sengros) de la larga arista que baja desde la misma cumbre de la Torre Blanca. De este modo se evita el atravesar los hoyos directamente desde Verónica, difíciles de transitar.

Tiempo aproximado: 5 h desde El Cable, ida y vuelta.

PICO TESORERO 2.570 m PD inf

En la cima del Tesorero se encuentran los límites de las tres provincias implicadas en el territorio de Los Picos de Europa (Asturias, León y Cantabria). En muchos escritos figura El Tesorero como el centro orográfico de Los Picos, pero aunque ésto no sea totalmente cierto, la verdad es que desde su aérea cumbre son visibles casi todos Los Picos en una espléndida panorámica circular.

El Tesorero no posee grandes paredes en las que trazar arriesgados itinerarios, pero su característica silueta triangular se recorta inconfundible y aislada de las demás cumbres, en particular cuando se la contempla desde el sur. Su ruta normal de ascensión, por la arista SE, apenas ofrece dificultades, pero en ella se experimenta una sugestiva sensación de vacío. Todos estos ingredientes hacen que El Tesorero sea una de las cumbres más visitadas del macizo.

Itinerario: Desde El Cable, desplazarse hasta la Cabaña Verónica (ver indicaciones para el acercamiento a esta cabaña desde El Cable en la página 82). Una vez en Verónica, ascender por la misma loma rocosa sobre la que se sitúa el refugio y seguirla, medio trepando hasta un primer cotero, justo debajo de los primeros resaltes de la arista SE del Tesorero. Evitar este obstáculo por la derecha, atravesando hasta un pequeño hoyo situado bajo la cara este del pico. Remontar una empinada canal que conduce a la izquierda a la arista SE y trepar directamente por ella hasta la cima.

Tiempo aproximado: 5 h desde El Cable, ida y vuelta.

Picos de Europa

Ascensión invernal al Pico Tesorero

PICOS ARENIZAS 2.520 m F

Se trata de un pequeño grupo de cumbres que se prolongan al Norte del Pico Tesorero. Su ascensión se hace más fácilmente por la vertiente este, que es la que se eleva frente al Jou de los Boches.

Itinerario: Desde los Horcados Rojos (ver acercamiento a Urriello desde El Cable en la página 82), ascender algunos metros hacia el oeste, en dirección al Tesorero, para pasar a una colladina más alta por encima de las Peñas Urrieles. Desde allí atravesar diagonalmente, ya bien altos, las laderas orientales del Jou de los Boches para acercarnos a la base de los Picos de Arenizas, que se ven justo enfrente.

Alcanzar la horcada que se sitúa entre la cumbre norte y la central, invisible hasta que no hemos dado vuelta a la loma que baja hacia la Garganta del Jou de los Boches. Desde la horcada, una fácil y aérea trepada de unos 20 m conduce a la cima norte, la más alta del grupo.

Tiempo aproximado: 4 h 15 min desde El Cable, ida y vuelta.

TORRE DEL FRIERO 2.445 m F

Importante cumbre del grupo de Peñas Cifuentes, bien visible desde Valdeón, hacia donde ofrece un atractivo aspecto. Por los espolones y corredores de su vertiente norte, de casi 1.000 metros de desnivel, discurren algunas de las vías de escalada glaciar más clásicas de Los Picos de Europa.

Ascensiones

Panorámica de las Peñas Cifuentes desde la pista de Pandetrave

Itinerario: Desde la Collada de Chavida (ver aproximación en la página 87) atravesar hacia el norte por una especie de gran cornisa inclinada durante unos 400 m bordeando la vertical pared oriental del pico. Se llega así a un hombro tras el cual sale el impresionante corredor norte. Pasar a la cara norte y por canaletas de poca dificultad alcanzar la cima.

Tiempo aproximado: 3 h 30 min desde Santa Marina de Valdeón, ida y vuelta.

TORRE DEL HOYO DE LIORDES 2.474 m PD sup

Es la cumbre más alta del grupo de Peñas Cifuentes, en el sector SO del Macizo Central. Desde su cumbre se contempla una de las mejores panorámicas de Los Picos, especialmente del sector del Llambrión, que se levanta justo enfrente.

Itinerario: Situarse en el Hoyo Chico, bien desde el Alto de la Canal, rodeando por el norte la Torre Olabarria si se viene del Caben de Remoña, o atravesando la Vega de Liordes si se viene de Fuente Dé por la Canal del Embudo (los Tornos de Liordes). Una vez en el Hoyo Chico, frente a la cara norte de la Torre del Hoyo de Liordes, subir hasta la base de un largo zócalo que le protege en su parte inferior, todo él cortado por númerosas canales. Trepar por la más occidental de todas ellas (derecha) para acceder a las gradas cimeras (pasos de II+).

Tiempo aproximado: 4 h 40 min desde el Caben de Remoña, ida y vuelta. Desde Fuente Dé se invierten unas dos horas más.

Picos de Europa

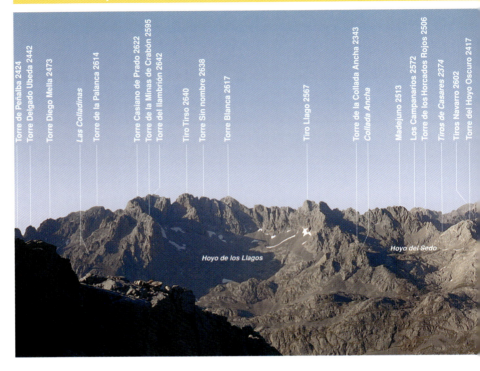

Torre de Peñalba 2424 · Torre Delgado Úbeda 2442 · Torre Diego Mella 2473 · Las Colladinas · Torre de la Palanca 2614 · Torre Casiano de Prado 2622 · Torre de la Minas de Crabón 2595 · Torre del Llambrión 2642 · Tiro Tirso 2640 · Torre Sin nombre 2638 · Torre Blanca 2617 · Tiro Llago 2567 · Torre de la Collada Ancha 2343 · Collada Ancha · Madejuno 2513 · Los Campanarios 2572 · Torre de los Horcados Rojos 2506 · Tiros de Casares 2374 · Tiros Navarro 2602 · Torre del Hoyo Oscuro 2417

Hoyo de los Llagos · Hoyo del Sedo

TORRE DE SALINAS 2.446 m PD inf

La Torre de Salinas forma junto a sus compañeras de cordal (Grupo de Peñas Cifuentes) una larga barrera de cumbres que parece proteger por el sur al núcleo principal del macizo. Esta fue probablemente la causa del error de Casiano de Prado, cuando el 28 de Julio de 1.853 subió a esta cumbre creyendo que era la más alta de Los Picos. Una vez arriba descubrió otras mucho más altas tras las Peñas Cifuentes. Casiano de Prado subió a la Torre de Salinas con los franceses Verneuil y Loriére y les acompañó un guía de Portilla. Esta fue la primera ascensión deportiva llevada a cabo en Los Picos de Europa y reseñada en documentos escritos.

Itinerario: Llegar al Alto de la Canal (o Collado de Remoña) según se indica en la aproximación al Refugio de Collado Jermoso desde el Caben de Remoña. Partiendo de este collado la ascensión se puede hacer sin demasiadas dificultades siguiendo el filo de la arista este, pero más relajada aún resulta la que podríamos considerar su vía normal. Esta consiste en hacer una travesía ascendente hacia la derecha por debajo de la mencionada arista para ir a parar, tras una corta y fácil trepada a una especie de hombro situado a media altura en otro espolón que baja de la cumbre más

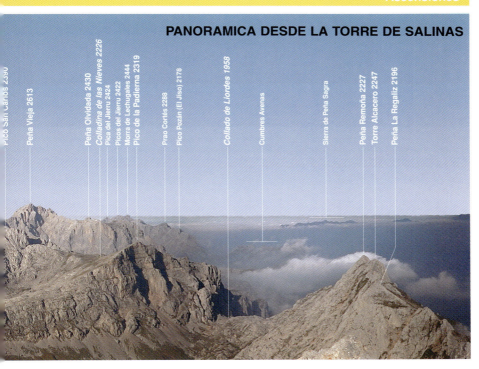

al NO. Atravesar el hombro y tomar al otro lado una ancha canal diagonal que sube hasta una brecha ya muy alta sobre la arista E. Una vez en ella se alcanza la cima sin dificultad.

Tiempo aproximado: 3 h desde el Caben de Remoña, ida y vuelta.

PEÑA REMOÑA 2.227 m F

La Peña Remoña es la primera cumbre empezando por el este en el largo cordal de Peñas Cifuentes. La inconfundible silueta de sus tres torreones somitales es bien visible cuando nos acercamos a Fuente Dé por Valdebaró, elevándose muy altos sobre el hayedo de Quebres. En contraste con la abrupta cara SE, el lado norte de la montaña está constituido por una ladera semi-rocosa no muy difícil de ascender.

Itinerario: Desde Fuente Dé, subir por la Canal del Embudo (camino de los Tornos de Liordes) y alcanzar el Collado de Liordes. Desde allí, subir más o menos directamente, evitando algunos resaltes, para entrar en una de las canales que sin demasiadas complicaciones conducen a la cumbre más occidental, que es la más alta.

Tiempo aproximado: 4 h 30 min desde Fuente Dé, ida y vuelta.

LOS CAMPANARIOS 2.572 m F

Este pequeño grupo de cumbres descarga sus pedreros del lado oriental hacia el Jou del Infanzón, la depresión más alta del macizo. Precisamente desde este hoyo es por donde se alcanza más fácilmente la cima.

Itinerario: En la reseña de la ruta nº 8, página 156, se dan algunas indicaciones para llegar hasta debajo de los Tiros de Santiago desde Aliva por la Canal del Vidrio. Atravesando la collada que hay entre los Tiros de Santiago y los Tiros Navarro, se pasa al Jou del Infanzón, desde donde es accesible la cumbre de Los Campanarios sin demasiadas complicaciones.

Desde El Cable también se puede enlazar con el itinerario de la Canal del Vidrio por el Collado de la Canalona, posibilidad ésta más cómoda al tener que salvar menos desnivel. Ver la reseña de la ascensión a los Picos de Santa Ana más abajo para el acercamiento hasta el Collado de la Canalona.

Tiempo aproximado: 4 h 30 min desde Aliva, ida y vuelta. 4 h desde El Cable.

TIROS NAVARRO 2.602 m F

Esta cumbre rodea, junto con Los Campanarios, al Jou del Infanzón y es desde esta depresión (cara N) por donde se puede ascender a la cima más fácilmente (Ver reseña de Los Campanarios).

PICOS DE SANTA ANA 2.601 m PD inf

Esta es una de las cumbres más fáciles y rápidas de alcanzar entre todas las que superan los 2.600 m de altitud en Los Picos de Europa. La punta occidental de esta doble cima presenta una atractiva silueta triangular cuando se la contempla desde el oeste. Es por ese lado y por la cara sur por donde discurren los itinerarios más difíciles, mientras que por el NE apenas ofrece resistencia.

Itinerario: Desde El Cable, tomar la pista que va a La Vueltona y una vez en ella dejarla para seguir de frente por el camino que continua a través de los pedreros que caen de Peña Vieja. Algo más arriba la pendiente se acentúa y el camino zigzaguea entre grandes bloques para situarse bajo una llamativa aguja (Ag Bustamante). El camino allí se bifurca, seguir por el ramal de la derecha (E), el cual atraviesa por aéreas cornisas bajo la misma base de la mencionada aguja y pasa a un circo colgado entre ésta y otra aguja más al este de parecidas características (Aguja Canalona). A la derecha de esta última aguja se ve el Collado de la Canalona, hacia el cual hay que dirigirse. Atravesar el collado y virar a la izquierda para pasar a otro collado algo más alto situado al norte de los Picos de Santa Ana (Cdo de Santa Ana).

Encima del collado tenemos la cima oriental. Para subir a la occidental, que es la más alta, hay que atravesar diagonalmente bajo la cresta que une los dos picos hasta una zona de llambrias fisuradas por las que se trepa buscando a derecha e izquierda los puntos más debiles de la cara. La cumbre oriental es más fácil de alcanzar. Subir directamente desde el collado para trepar, al final por una corta canaleta.

Tiempo aproximado: 3 h 40 min desde El Cable, ida y vuelta.

Vista desde Peña Vieja Hacia el NO

PEÑA VIEJA 2.613 m

La Peña Vieja forma, junto a la Peña Olvidada, una de las mayores masas calizas de Los Picos de Europa. La vertiente oriental de este basto conjunto se levanta imponentemente frente a las praderías de Aliva. Largos espolones y corredores son la nota dominante de la cara este, por la que se desarrollan algunos de los itinerarios de escalada más clásicos e interesantes de Los Picos de Europa. En la vertiente opuesta (O), la verticalidad es más acentuada, sobre todo en la parte que corresponde a Peña Olvidada, y por tanto las vías son más técnicas y de apertura más reciente.

El número de vías en la pared O de Peña Olvidada y en la SO de Peña Vieja, ha crecido considerablemente en los últimos años, hecho éste al que ha contribuido la rápida aproximación que proporciona el Teleférico de Fuente Dé. El conjunto Peña Vieja-Peña Olvidada y el Naranjo de Bulnes son en la actualidad las dos montañas del Macizo Central que registran el mayor número de itinerarios de alta dificultad.

La Peña Vieja es sin duda un gran objetivo para los escaladores de todos los niveles, pero también lo es para una gran mayoría de montañeros y excursionistas, pues es además una de las cumbres de más de 2.600 m más fáciles de alcanzar. En contraste con las otras vertientes de la montaña, la cara norte no es más que una rampa de piedras sueltas a la que se accede sin dificultad desde el Collado de la Canalona.

Picos de Europa

Cumbre oriental de los Picos de Sta Ana desde la cima oeste. Al fondo, la cumbre de Peña Vieja

Itinerario: Para llegar al Collado de la Canalona ver la reseña del itinerario de ascensión a los Picos de Santa Ana en la página 118. Una vez en el collado, sólo queda seguir el senderillo que atraviesa los pedreros hacia la derecha (SE) y que sin mayores complicaciones supera la citada rampa cimera en cómodos zigzags.

Tiempo aproximado: 4 h desde El Cable, ida y vuelta.

PEÑA OLVIDADA 2.406 m AD inf

Conocida también como cumbre sur de Peña Vieja, al estar unida a ésta por una crestería horizontal que apenas individualiza las dos cumbres.

La Peña Olvidada cuenta con un gran número de vías de escalada de la más variada dificultad. Sus largas paredes y espolones ofrecen magníficas posibilidades para ello. Pero si los escaladores han encontrado en esta cima un objetivo de primer orden, no lo es así para los montañeros de a pie. La proximidad de La Peña Vieja, más alta y fácil de ascender ha eclipsado desde siempre el interés por esta cumbre, motivo por el cual es conocida con el nombre de Peña Olvidada.

No existe ninguna vía que se pueda considerar totalmente fácil para alcanzar la cumbre de la Peña Olvidada. La más corta y segura es la que arranca en lo alto del pedrero de la Vueltona, en la vertiente NO de la montaña.

Itinerario: Subir desde la Vueltona a lo largo de los pedreros que caen de Peña

Ascensiones

Vertiente oeste de la Peña Olvidada

Vieja. Al final, entrar en una canal-chimenea algo escondida a la derecha, por la que es posible superar el muro vertical y sombrío de unos 80 metros que se extiende a derecha e izquierda. La chimenea conduce a una pequeña brecha tras un gendarme (II y III) (dos rapeles para el descenso). Desde la brecha superar un largo de cuerda fácil (II) y luego trepar hacia la derecha para ganar los pedreros que bajan desde la crestería cimera. Atravesar los incómodos pedreros hacia la derecha (S) aprovechando las ligeras trazas de un insignificante sendero, para llegar a una primera brecha ya sobre la cresta cimera. Seguir más o menos por la arista hasta la cima.

Tiempo aproximado: 6 h desde El Cable, ida y vuelta.

El ESCAMELLAU 2.068 m F

El adelantado emplazamiento de esta cumbre, frente a las Vegas del Toro, en el extremo NE del Cordal de Juan de la Cuadra, la convierte en el más formidable mirador del Valle del Duje.

Itinerario: Desde las Vegas del Toro, ascender por el Valle de las Moñetas hasta las proximidades del Llagu Viejo para entrar a la izquierda en El Vallellón. Subir por este canalón hasta su final, en la Horcada de los Grajos. Pasar a la vertiente de Aliva para atravesar a la izquierda y trepar hasta la cumbre.

Tiempo aproximado: 3 h 30 min desde las Vegas del Toro, ida y vuelta.

III-e) CUMBRES PRINCIPALES DE ANDARA (ASCENSIONES)

PICO DEL JORACON DE LA MIEL 1.904 m

Es la cima más alta del grupo de Cumbres Avenas. Su ascensión desde los Puertos de Aliva no ofrece dificultad alguna siendo la forma más rápida de conseguir una buena panorámica de Valdebaró. Desde Espinama subir a Aliva por buena pista de tierra y una vez allí remontar directamente las pendientes NO del pico.

Tiempo aproximado: 3 h 15 min desde Espinama, ida y vuelta.

CORTES 2.373 m PD inf

Es la cumbre más alta del Sector SO de Andara, el cual se descuelga desde la Morra de Lechugales hasta las Cumbres Avenas. Este sector presenta hacia el SE un aspecto infranqueable, con altos murallones y estrechas canales de difícil ascensión. La vertiente oeste, en cambio, está menos defendida y ofrece varias posibilidades de ascensión a las distintas cumbres del cordal. La vía más fácil para alcanzar el Cortés es la de la Canal de los Covarones, accesible desde las Praderías de Aliva.

Itinerario: Situarse en los Puertos de Aliva, partiendo de El Cable, Espinama o Sotres siguiendo las pistas que unen estos tres puntos. Una vez en los puertos, subir hacia el NE atravesando diagonalmente la Cuesta Contés (o Cortés) hasta ganar la base de la mencionada canal, como se indica en el croquis de la derecha. Ascender

Ascensiones

a todo lo largo de la canal, trepando en algunos resaltes que cortan el paso en la segunda mitad. Salir en su final a la izquierda (N) para ganar la cuesta cimera.

Tiempo aproximado: 6 h desde Espinama, ida y vuelta.

PANORAMICA DEL MACIZO CENTRAL DESDE EL CORTES

PICA DEL MANCONDIU 2.000 m

Desde esta doble cumbre se contempla la mejor panorámica de toda la vertiente norte de Andara. Aunque de altitud modesta, su privilegiada situación frente al macizo la convierte en un extraordinario mirador desde donde se contemplan con detalle la mayoría de sus cumbres y los caminos de acceso a las numerosas minas que se explotaron en otro tiempo en toda la zona.

Itinerario: Desde el Casetón de Andara seguir por la pista que rodea el pico y situarse frente a la cara norte. Ascender a lo largo de esta vertiente, constituida por una ancha rampa que con una pendiente regular conduce a la cumbre norte. También se puede subir a la cumbre sur directamente desde la Collada Tresmancondiú, trepando la arista sur de la montaña (terreno de hierba y rocas con algún paso de II).

Tiempo aproximado: 1 h 40 min desde el Casetón de Andara, ida y vuelta.

CUETU TEJAU 2.129 m

La forma más fácil de alcanzar la cumbre del Cuetu Tejau es partiendo de Sotres o del Jito de Escarandi y subiendo por el Cueto de los Calabreros y el Picu Boru. Así se llega bajo la misma cumbre por su vertiente este, donde una fácil pendiente seguida de una corta y aérea cresta conducen a la cima. En la ruta nº 5, página 146, se propone esta ascensión como parte de un circuito en la vertiente norte de Andara.

PICAS DEL JOU SIN TIERRE 2.159 m

La vía más factible para alcanzar estas modestas cumbres, vecinas al Cuetu Tejau, es la de su vertiente oriental, a partir del pequeño Jou Sin Tierre. En la ruta nº 5, página 146, se reseña esta ascensión en travesía desde el Pico Valdominguero, como parte de un completo circuito en este sector del macizo.

PICO VALDOMINGUERO 2.265 m PD sup

Al igual que las otras dos cumbres anteriormente reseñadas, la ascensión al Valdominguero se propone en la ruta nº 5 de este mismo capítulo como travesía de una parte del importante cordal que se desprende del núcleo más alto del macizo hacia el norte, y de la que es cota destacada el Pico Valdominguero. La descripción en ella se hace por la vía más fácil, que es la que arranca del propio Collado Valdominguero. Ver los detalles en la reseña de dicha ruta.

PICO DEL GRAJAL DE ARRIBA 2.349 m

Esta cumbre, la más alta de los dos Grajales, es paso obligado en la ascensión a la Pica del Jierru o a la Morra de Lechugales cuando se sube desde el Casetón de Andara pasando por el Collado del Mojón (ver itinerario en la reseña de la ascensión a la Pica del Jierru).

PICO DEL GRAJAL DE ABAJO 2.248 m

El menor de los dos picos del Grajal es aún más fácil de ascender, lo que se hace desde el mismo Collado del Mojón (ver el trazado en la figura de la página 128).

PICA DEL JIERRU 2.424 m

Esta es la cumbre más fácil de alcanzar de las cuatro que superan los 2.400 m en Andara. Su ascensión es de las más recomendables, ya que a esta facilidad de acceso se une la extraordinaria amplitud de panorámicas que se contempla desde su cima.

Itinerario: Desde el Collado del Mojón (ver aproximación a este collado, desde el Casetón de Andara en la reseña de la Rasa de la Inagotable, página 127), descender hacia las Arredondas para pasar a la horcada de este mismo nombre, situada al otro lado del Pico del Grajal de Abajo. Para ello se sigue el viejo camino de las Minas del Evangelista.

Una vez en la Horcada de las Arredondas, el camino pasa durante unos pocos metros de travesía a la vertiente norte, salvando así los resaltes rocosos que evitan el paso directo a la Loma del Grajal de Arriba (ver figura en la página 128). Seguir esta loma hasta su final en el mencionado pico (marcas de pintura roja señalan el mejor camino) y de allí continuar sin dificultad a la Pica del Jierru. También se puede llegar a la Horcada de las Arredondas desde Brez o Lon (Valdebaró) por la Canal de las Arredondas, para lo cual hay que contar con unas 3 ó 4 horas más sobre el horario de la vertiente norte del macizo.

Tiempo aproximado: 5 h 15 min desde el Casetón de Andara, ida y vuelta.

PICOS DEL JIERRU 2.422 m PD

Estos picos se alinean en una breve crestería entre la Morra de Lechugales y la Pica del Jierru, cerrando por el oeste al profundo Hoyo del Evangelista. La ascensión a estas cumbres, no muy interesantes por si solas, puede ser un complemento en la ascensión a la Morra de Lechugales. El recorrido de esta corta cresta desde la Pica del Jierru a la Morra, aérea y de una dificultad AD inf, puede ser un aliciente añadido para quienes prefieran un poco más de emoción en las excursiones de montaña; aunque la roca es de calidad bastante mediocre en la cresta (ver aproximación en la reseña de la Pica del Jierru arriba y en la figura de la página 128).

MORRA DE LECHUGALES 2.444 m PD

La aproximación hasta la base de esta cumbre, la más alta de Andara y una de las más atractivas de Los Picos de Europa, se puede hacer desde el norte partiendo del Casetón de Andara, por el Collado del Mojón y Pico del Grajal de Arriba, o desde el sur por la Canal de Lechugales. Esta última posibilidad forma parte del itinerario nº 7 descrito en la página 152 y siguientes (ver la aproximación por el norte en la reseña de la Rasa de la Inagotable y la Pica del Jierru).

Itinerario: Desde la ladera SE de la Pica del Jierru, atravesar los pedreros que caen al Hoyo del Evangelista por debajo de la crestería de los Picos del Jierru, siguiendo una característica traviesa que conduce a la Horcada de Lechugales (toda esta parte del itinerario esta señalada con marcas de pintura roja). Un poco antes de llegar a la Horcada de Lechugales, subir a la derecha para trepar por una ancha vira semiherbosa que asciende diagonalmente hacia la izquierda y gana una brecha en

Picos de Europa

Bajo el bloque cimero de la Morra de Lechugales

la crestería, entre los Picos del Jierru y La Morra, mirando ya a la vertiente de la canal de Lechugales (ver figura de página 128). También se puede llegar a esta brecha cresteando desde La Pica del Jierru (pasos de II y III sobre roca mediocre). Una vez en la mencionada brecha, atravesar por una serie de providenciales cornisas que hay bajo la cresta en el lado del Duje (NO) y que en un aéreo trazado conducen, hasta un amplio collado al pie mismo del torreón final de la Morra de Lechugales.

Desde el collado, trepar por una especie de fisura-chimenea, corta pero bastante vertical (III-). Es el paso más factible para acceder a la aérea cumbre de la Morra.

Tiempo aproximado: 6 h desde el Jito de Escarandi, ida y vuelta.

SILLA DEL CABALLO CIMERO 2.436 m F

Situada en la cabecera de la Canal de Lechugales y formando collado con la Morra de Lechugales, esta cumbre es la segunda en altitud del Macizo Oriental. Se trata de una aérea cumbre cuya ascensión se puede efectuar sin apenas dificultad por la cara norte, partiendo del Hoyo del Evangelista.

Itinerario: Desde el Collado del Mojón (ver aproximación hasta este collado en la reseña de La Rasa de la Inagotable), descender hacia el sur (Canal de las Arredondas) para rodear el Pico del Grajal de Abajo y pasar a la Horcada de las Arredondas, situada tras él. Esto se hace siguiendo el viejo camino de las Minas del Evangelista. Una vez en la Horcada de las Arredondas, el camino pasa brevemente a la vertiente norte para salvar los resaltes rocosos que evitan el paso directo a la loma que asciende hacia el Grajal de Arriba (ver figura de la página 128). El camino

Ascensiones

Silla del Caballo Cimero desde la Rasa de la Inagotable

hace un par de zigzag y atraviesa a la izquierda para entrar en el Hoyo del Evangelista. Se pierden algunos metros por una estrecha canal, a la salida de la cual, el camino discurre tallado horizontalmente en las verticales paredes y alcanza el fondo del hoyo tras atravesar los pedreros que caen del Grajal de Arriba (En algunos puntos los muros que sostenían el camino ya han cedido, quedando en su lugar delicados pasos).

Desde el hoyo, subir a lo largo de una canal poco marcada que asciende casi directamente hasta una pequeña brecha que se sitúa a la derecha del Caballo Cimero, en la cresta que une a este pico con la Morra de Lechugales. Ya en la brecha se alcanza la cumbre mediante una fácil trepada por la arista NO.

Tiempo aproximado: 4 h 45 min desde el Casetón de Andara, ida y vuelta.

LA RASA DE LA INAGOTABLE 2.284 m

Esta cumbre es una de las más gratificantes del Macizo Oriental. Su ascensión desde el Casetón de Andara se hace muy fácilmente, al aprovechar el viejo camino de las Minas del Evangelista, el cual pasa junto a la cumbre. Esta facilidad de acercamiento, unida a la gran panorámica que se domina desde la cumbre, hace de esta montaña una de las más recomendables para conocer Andara (ver fig de la pág 128).

Itinerario: Desde el Casetón de Andara, tomar el viejo camino que gana altura en amplios zigzags a espaldas del mismo y que conduce a la Collada de la Aldea en pocos minutos. Seguir por la canal que asciende a la izquierda (SE), en la cual se ven los restos de antiguas bocaminas. El camino, en bastante mal estado en esta parte,

Picos de Europa

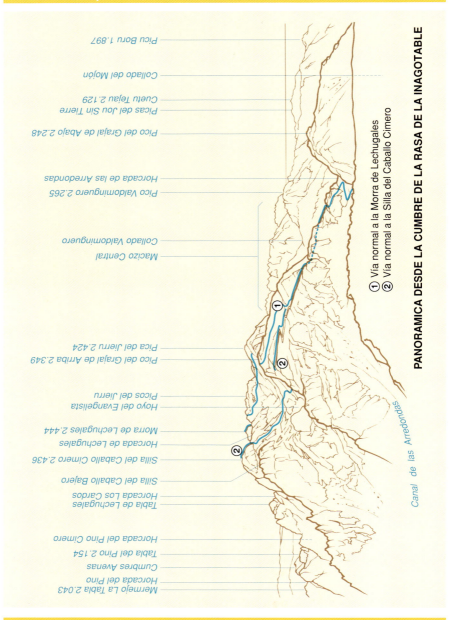

PANORÁMICA DESDE LA CUMBRE DE LA RASA DE LA INAGOTABLE

① Vía normal a la Morra de Lechugales
② Vía normal a la Silla del Caballo Cimero

Picu Boru 1.897
Collado del Mojón
Cuetu Tejau 2.129
Picos del Jou Sin Tierre
Pico del Grajal de Abajo 2.248
Horcada de las Arredondas
Pico Valdomingero 2.265
Collado Valdomingero
Macizo Central
Pica del Jierru 2.424
Pico del Grajal de Arriba 2.349
Picos del Jierru
Hoyo del Evangelista
Morra de Lechugales 2.444
Horcada de Lechugales
Silla del Caballo Cimero 2.436
Silla del Caballo Bajero
Horcada Los Cardos
Tabla de Lechugales
Horcada del Pino Cimero
Tabla del Pino 2.154
Cumbres Avenas
Horcada del Pino
Mermejo La Tabla 2.043

Canal de las Arredondas

128 LOS URRIELES Y ANDARA

Ascensiones

Panorámica aérea de la Liébana desde la Rasa de la Inagotable

alcanza en lo alto de la canal una explanada en la que se encuentran las ruinas de una gran explotación minera (las antiguas Minas de la Providencia). Sin llegar a dar vista a esta explanada virar a la derecha siguiendo un camino medio tallado en las rocas del zócalo rocoso que delimita a la canal por el oeste.

El camino zigzaguea por una amplísima loma, unas veces sobre roca y otras por terreno semi-herboso, en dirección a una cumbre de aspecto inaccesible que se ve en lo alto, el Castillo del Grajal. Al llegar bajo esta torre, el camino tuerce a la derecha para entrar en una angosta canal (El Callejón), por la cual se supera el obstáculo en una serie de pequeños zigzag. La loma por encima es mucho más amplia y cómoda de seguir, ya que el camino todavía bien conservado, gana altura sobre ella en un perfecto trazado. Las vistas de todo el macizo son ya espléndidas, pero lo son aún mucho más cuando se alcanza el Collado del Mojón y la vecina cumbre de La Rasa.

Tiempo aproximado: 2 h 30 min desde el Casetón de Andara, ida y vuelta.

La JUNCIANA 2.267 m

Cumbre vecina a la Rasa de la Inagotable por el este, fácil de alcanzar desde el norte por las Minas de la Providencia. Su ascensión no es muy interesante, ya que no mejora la panorámica que se domina desde la Rasa, y siendo ésta última más fácil de ascender.

Tiempo aproximado: 2 h 20 min desde el Casetón de Andara, ida y vuelta.

Picos de Europa

PICO DEL SAGRADO CORAZON 2.214 m

Es una de las cumbres más populares de la región por las romerías que en ella se celebran cada cinco años y a las que acuden las gentes de todos los pueblos del entorno. La amplitud de panorámicas que se domina desde la cima es extraordinaria ya que casi toda La Liébana es visible desde ella sin nada que estorbe a la vista. La ascensión se realiza sin ninguna dificultad desde el Collado de San Carlos, el paso más habitualmente utilizado para cruzar el macizo de norte a sur y viceversa.

Itinerario: Alcanzar el Collado de San Carlos desde Argüebanes o Viñón (al sur) por los Puertos de Ullances utilizando una pista que llega a la Majada de Trulledes, y desde allí, por la Canal de San Carlos. O más cómodamente desde el norte, partiendo del Casetón de Andara. Por la Collada Tresmancondiú se pasa a las Vegas de Andara, desde donde un antiguo camino minero conduce en cómodos zigzags al Collado de San Carlos. Una vez en este alto collado, ascender por las fáciles laderas septentrionales del pico, en cuya cúspide se ve la imagen del Sagrado Corazón.

Tiempo aproximado: 3 h desde el Casetón de Andara, ida y vuelta. 6 h desde Argüebanes o Viñón por los Puertos de Ullances.

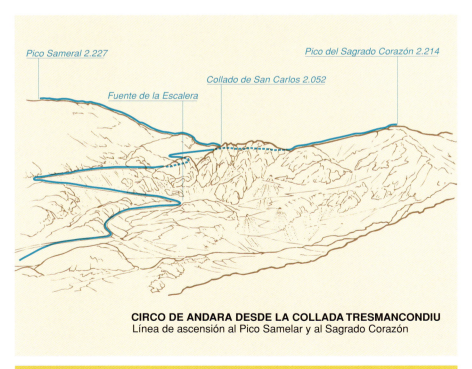

CIRCO DE ANDARA DESDE LA COLLADA TRESMANCONDIU
Línea de ascensión al Pico Samelar y al Sagrado Corazón

PICO DE SAMELAR 2.227 m

El Samelar (originalmente San Melar) es otro de los miradores privilegiados de la Liébana. Al igual que su vecino, el Sagrado Corazón, con el que comparte el Collado de San Carlos, es muy fácil de ascender, partiendo precisamente de este alto collado. El itinerario de ascensión y el horario son similares a los reseñados para la ascensión al Pico del Sagrado Corazón, antes descrito.

PICO DEL ACERO 1.676 m

El itinerario de ascensión más cómodo para llegar a esta cumbre es el del Puerto de Quión, partiendo de Colio, tal como se describe en la ruta nº 6, página 148.

PICO DE LAS AGUDINAS 1.976 m

Este pico está situado un poco por encima del Pico del Acero, por tanto su ascensión puede hacerse por el mismo itinerario que éste, formando parte de la misma ruta nº 6. Otra forma de llegar a esta cumbre más directamente es por la Majada de Trulledes, a la que se llega por pista de tierra desde Argüébanes, Viñón o Colio. En cualquiera de los dos casos la ascensión es fácil y el tiempo a invertir similar, unas 4 h 50 min, ida y vuelta, desde cualquiera de los tres pueblos citados.

ALTO DE LAS VERDIANAS 2.024 m

Al igual que las dos cumbres anteriormente reseñadas (Pico del Acero y de las Agudinas) también forma parte del circuito reseñado en la página 148 y siguientes (ruta nº 6). El Alto de las Verdianas es uno de los puntos culminantes de la travesía, pero su ascensión por si sola es también interesante, y se puede hacer directamente desde los Puertos de Potes. El paso de La Hendida (ver reseña de la citada ruta) es perfectamente accesible desde la Majada de Trulledes, a la cual se llega cómodamente y sin problemas de itinerario siguiendo cualquiera de las pistas que parten de Viñón o de Argüébanes.

Tiempo aproximado: 5 h 30 min para la ascensión, ida y vuelta, desde una u otra aldea.

III-f) TRAVESIAS SELECTAS EN LOS URRIELES Y EN ANDARA

Los macizos Central y Oriental están unidos a traves de los altos Puertos de Aliva, por lo que su separación es menos evidente que en el caso del Macizo Occidental, totalmente separado del resto del conjunto por la profunda Garganta del Cares. Además, su tamaño también es sensiblemente menor, lo que hace que los dos se puedan representar juntos en una sola hoja del mapa.

En las páginas siguientes se reseñan 10 de las rutas más interesantes que se pueden recomendar en estos dos macizos. Algunas de ellas son travesías de una gran envergadura (especialmente las del Macizo Central), pero se pueden dividir en dos etapas para hacerlas más cómodas. Para ello se aprovechan algunos de los refugios existentes en el macizo.

Ruta 1 COLLADO JERMOSO
travesía Caben de Remoña-Cdo Jermoso-Cordiñanes

El Collado Jermoso es uno de los más fantásticos miradores de Los Picos de Europa. Su increíble situación, colgado en las impresionantes escarpaduras que caen de La Palanca hacia Valdeón, y frente a la cara norte del Friero, le proporciona un punto de vista único. Desde este magnífico balcón se pueden contemplar las Peñas Santas y muchas otras cumbres de Los Picos y de La Cordillera.

En el itinerario que se describe se puede admirar una buena parte del sector sur del Macizo Central. Al remontar la Canal de Pedabejo y traspasar el Alto de la Canal, se descubre una formidable panorámica de cumbres. A partir de Liordes la ruta discurre por caminos de aéreo trazado, muchas veces sobre un impresionante vacío, lo que permite apreciar en toda su magnitud la especial orografía de Los Picos.

Gracias al Refugio Diego Mella, situado en el mismo Collado Jermoso, se puede partir la excursión en dos cómodas jornadas y pasar en este idílico nido de águilas algunas inolvidables horas.

- **Desnivel aproximado:** 475 m de ascensión y 1.390 m de descenso.
- **Dificultad:** Recorrido de dificultad media, apta para muchos montañeros, pero con un cierto hábito al vacío. Del Caben de Remoña a Jermoso no faltan senderos, pero en el Argayo Congosto y en las traviesas del mismo nombre éste se pierde a veces. Es necesario prestar atención en este tramo de la ruta.
- **Horario total aproximado:** 5 h 20 min.
- **Punto de partida:** Caben de Remoña, collado que al que se llega por una pista de tierra que parte del Puerto de Pandetrave, o desde Fuente Dé.
- **Punto de Llegada:** Cordiñanes.
- **Itinerario:**

0,00 Caben de Remoña. *Subir algunos metros todavía por la pista hasta que ésta se extingue en la pradería. Allí se pueden llenar las cantimploras en la Fuente de Pedabejo, que mana junto al camino. Seguir en travesía horizontal, primero, y luego en ligero descenso, hasta la entrada a la Canal de Pedabejo, de la cual cae un pedrero. Subir por la canal siguiendo el sendero, que al principio discurre por el incómodo pedrero y luego pasa a la izquierda para zigzaguear por terreno más llevadero.*

0,50 Alto de la Canal. *Traspasar el collado y descender hacia el otro lado a la Vega de Liordes siguiendo un sendero muy poco marcado entre el roquedo.*

1,15 Vega de Liordes. *Desde el Casetón de Liordes ascender diagonalmente hacia el NE rodeando un pequeño cotero que domina la vega por el oeste para alcanzar tras él el Collado de la Padierna. Allí, el camino gana algunos metros en dirección a la larga barrera rocosa que separa la gran depresión de Liordes del circo meridional del Llambrión (Hoyos de los Llagos). El camino, ahora tallado en la roca, va ganando altura ligeramente hacia la izquierda (O) (Sedo de la Padierna).*

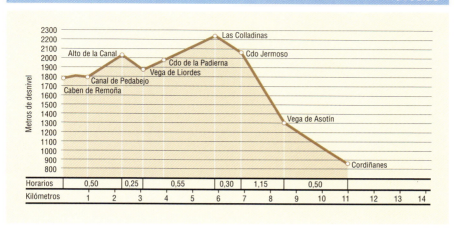

Una vez flanqueada la barrera rocosa y situados frente a la cara sur de la Torre de las Minas de Carbón, el camino zigzaguea por una ancha canal herbosa a la izquierda para alcanzar la primera de una serie de colladinas.

2,10 Las Colladinas. Atravesar estos cinco pequeños collados colgados sobre la Canal de Asotín para pasar, perdiendo algo de altura, a la parte alta del Argayo Congosto, donde es ya visible, al otro lado, el Collado Jermoso y su refugio.

2,40 Collado Jermoso. El refugio del Collado Jermoso es una excelente base de partida para las ascensiones en el sector del Llambrión (Torre de Peñalba, Torre de la Palanca, etc.). La travesía propuesta continúa ahora en rápido descenso hacia Cordiñanes. Bajar a la fuente situada más abajo del refugio en el Argayo Congosto. Allí, medio destrepando, se pierde altura por un acrobático camino que baja a lo largo del argayo.

Procurar no seguir hacia abajo por la canal, ya que en la parte baja nos esperaría un difícil destrepe. El mejor camino es el que rodea la Torre Jermosa para entrar a la derecha (O) a las Traviesas de Congosto, donde algún que otro pequeño hito indica el itinerario a seguir. Se trata de ir a salir a las canales que bajan de la Torre de Llaz, Canal Honda o El Argayón. Ambas canales, paralelas entre sí, conducen sin demasiados problemas a la Vega de Asotín. Esta parte del itinerario, entre Jermoso y Asotín, es el más comprometido de la ruta y no es aconsejable iniciarla en caso de niebla.

3,55 Vega de Asotín. Bajar siguiendo un leve camino que atraviesa el Hayedo de Asotín. Al salir del bosque, el camino se dirige a la izquierda en busca de una pequeña brecha por la que es posible flanquear la larga crestería que baja desde Las Mojosas hasta El Cares. El camino allí está tallado sobre la roca (Rienda de Asotín). Luego, tras algunos zigzag, desciende a Cordiñanes.

4,45 Cordiñanes.

Ruta 2 — TORRE DE CERREDO 2.648 m
ascensión-circuito alrededor del grupo del Cerredo

La Torre de Cerredo es la cima más alta de Los Picos Europa y de toda La Cordillera. Así pues, la ruta que se propone tiene un doble atractivo: de un lado alcanzar el techo de La Cordillera Cantábrica y de otro cerrar un interesante circuito en torno a todo el sector NO del Macizo Central, el más salvaje de Los Picos de Europa. Para ello se debe seguir un camino ya perdido entre Caín y Amuesa. Este itinerario, tan utilizado antiguamente por los de Caín para acceder a los pastos de Amuesa, ha pasado ahora a formar parte de la historia de Los Picos. Quedan muy pocos pastores que recuerden las extrañas pasadas que permiten atravesar, a varios cientos de metros por encima del Cares, las escarpaduras occidentales de la angosta garganta.

Dada la gran dureza de la ruta que se propone, es recomendable realizarla en dos jornadas. La primera de Caín al Jou de los Cabrones, donde se puede hacer noche en el Refugio José Ramón Luege, allí emplazado. Y la segunda jornada de regreso a Caín por el Jou Grande y la Canal de Dobresengros, con la ascensión a la Torre de Cerredo como complemento del circuito.

- **Desnivel aproximado:** 2.400 m tanto de subida como de bajada.
- **Dificultad:** Se trata sin duda del recorrido más duro y difícil de la guía. Dada la gran diferencia entre cotas máxima y mínima del circuito, los desniveles a superar son considerables. Apenas existen caminos a seguir por lo que se requiere un buen instinto montañero así como interpretar bien el mapa para no perder el itinerario en muchas zonas. Existen algunos tramos en los que se deben efectuar pequeñas trepadas. La dificultad de la ascensión a la Torre de Cerredo es PD.
- **Horario total aproximado:** 13 h 15 min.
- **Punto de partida y llegada:** Caín.
- **Itinerario:**

PRIMERA PARTE: DE CAIN AL JOU DE LOS CABRONES

0,00 Caín. *Tomar la senda del Cares y seguirla hasta el Puente Bolín. Un poco antes de llegar al puente, a la altura de los restos del antiguo Puente de Trea, trepar un corto y fácil pasaje en las rocas que dominan el camino para tomar pie en un sendero que asciende rápidamente hacia la Canal de Recidroño (E). El sendero da una vuelta antes de llegar a entrar en la canal (la Fuente Prieta se encuentra en las proximidades) y cambia el rumbo hacia el sur para bordear un importante espolón rocoso.*

El camino tallado en la roca facilita el paso (La Tranvia). Se entra así en una ancha canal ocupada en su parte alta por algunas hayas. La senda zigzaguea repetidamente hasta encajonarse en una estrecha canal secundaria a la derecha. El camino allí es aéreo y espectacular, tallado sobre la misma roca (en

Travesías

El Hoyo Grande en época invernal. A la derecha la airosa cumbre del Pico de los Cabrones

este punto antes existían armaduras). En seguida se sale a la amplitud de la Cuesta Duja, tras superar un pequeño colladín.

1,20 El Pardo. *El sendero, muy poco marcado ahora, cruza horizontalmente por el borde inferior de Cuesta Duja y llega sin dificultad a un primer colladín a modo de terraza con una gran piedra plana (Colladín del Descanso). Seguir atravesando sin perder altura hasta otra colladina próxima, Collada del Cuebre, la cual marca la entrada a la Canal de Ría. Descender algunos metros por esta profunda canal y atravesar la vertiente opuesta para dirigirse a la entrada de una escondida canal que asciende en fuerte pendiente hasta un collado casi imperceptible, el Horcado Turonero (la mejor referencia es un torreón amarillo que se levanta en medio de la canal a pocos metros del collado).*

Ascender a todo lo largo de la canal, evitando por la izquierda un gran resalte que parece cortar el paso a la altura del torreón mencionado. En este tramo es difícil orientarse, ya que apenas queda rastro de la antigua senda.

2,00 Horcado Turonero. *Una vez superado este escondido paso se descubren las cabañas de La Quintana y el Pando Culiembro al otro lado del mismo. Descender unos cuantos metros y torcer a la derecha para entrar en la Canal de Piedra Bellida, angosta y de fuerte pendiente. Un poco más arriba, en un punto donde la canal se estrecha aún más, ésta se ramifica. Tomar el ramal de la izquierda, el cual se va abriendo hasta convertirse en una ancha rampa.*

3,00 Collado de Cerredo. *Atravesar hacia el este por encima del Monte Llué y, sin necesidad de llegar a la Majada de Amuesa, trazar una diagonal ascendente atravesando la amplia Cuesta del Trave rodeando así los cuetos del mismo nombre.*

En lo alto de esta característica ladera se corona la loma que baja de los primeros contrafuertes de los Traves. Descender entonces algunos metros atravesando llambrias de fuerte inclinación para entrar en una caótica zona de torcas y vallejucos (Jou Lluengo). El camino aquí está señalado con hitos y manchas de pintura roja desde Amuesa y conviene no perderlo para no tener que hacer uso de las manos más de lo necesario. Este discurre muy alto, por debajo mismo de los Cuetos del Trave y sirve de referencia, al principio, una gran cueva de boca cuadrada que se abre en los murallones orientales, hacia la cual hay que dirigirse siguiendo el fondo de un pequeño vallejuco. Luego el trazado es ya casi horizontal, salvo por una corta subida en la que se trepa para alcanzar una pequeña brecha, una cuerda fija a modo de pasamanos ayuda allí a superar este paso.

Después de perder unos metros en la vertiente opuesta, atravesar por aéreas cornisas (otra cuerda fija en el paso más delicado) y alcanzar un último collado tras el que se encuentra ya el Jou de los Cabrones.

5,45 Refugio JR Luege.

SEGUNDA PARTE: DEL JOU DE LOS CABRONES A CAIN

0,00 Refugio JR Luege *(Salida de la segunda parte del itinerario). Recorrer la doble depresión del Jou de los Cabrones y salir al final por una canal que se abre a la izquierda (E). Se llega así a un collado entre dos hoyos. No bajar, sino pasar por la derecha a otro collado un poco más alto tras el que se oculta el Jou Negro. Seguir por lo alto la ancha loma pedregosa que desciende de la Torre Labrouche y rodear esta torre por la izquierda (E).*

Se entra así, sin perder altura, en el Jou de Cerredo a una altura media entre su fondo y la cumbre de la Torre de Cerredo. Remontar la accidentada ladera E del jou, compuesta de llambrias y llastralezas.

2,50 Torre de Cerredo. *Ver la reseña de la ascensión en la página 97. Después del descenso de la torre, continuar la travesía de las laderas orientales del Jou de Cerredo para llegar sin perder mucha altura a la Horcada de Don Carlos, la cual se abre en el extremo sur de la depresión. Para llegar a esta horcada puede ser necesario usar las manos en algunos pasajes.*

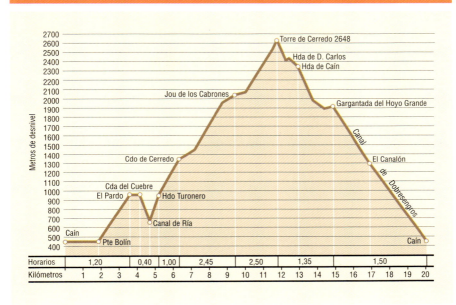

Atravesar la Horcada de Don Carlos y descender por el pedrero de la vertiente opuesta (S) con tendencia hacia la derecha para ganar la vecina Horcada de Caín. Descender hacia el Hoyo Grande siguiendo un camino que atraviesa diagonalmente los pedreros que caen del Tiro del Oso. Una vez en el fondo del Hoyo Grande, atravesarlo en toda su longitud hasta salir de él por su extremo noroeste.

4,25 Gargantada del Hoyo Grande. *A partir de aquí comienza el largo descenso de la Canal de Dobresengros. El trazado es más o menos directo al principio, evitando a derecha e izquierda los resaltes más importantes. A media canal, ésta se corta y es preciso desviarse a la izquierda (O) para ir a buscar salida por una estrecha canal lateral (El Canalón). Descender por este incómodo pero corto canalón que conduce a una pequeña pradería encerrada en una especie de pequeño circo. Desde aquí ya sólo resta seguir un sendero que sin pérdida conduce a Caín, atravesando los flancos septentrionales de la parte inferior del valle y pasando por el Sedo Mabro para llegar al pueblo.*

6,15 Caín.

Ruta 3 — NEVERON DE URRIELLO 2.559 m
ascensión-circuito alrededor del grupo de Los Albos

El Neverón de Urriello es un pico de centrada situación en el Macizo Central. Desde la Vega de Urriello, su pared este, presenta un aspecto alpino muy atractivo para los escaladores. En ella se han trazado itinerarios de gran dificultad. Por el lado oeste, en cambio, la ascensión es fácil y siempre gratificante visualmente. Desde la cumbre la imagen que se obtiene del Pico Urriello es impresionante.

El itinerario que se sugiere en las líneas siguientes no es sólo la ascensión al Neverón de Urriello. En él la aproximación desde Poncebos se hace por Amuesa y Jou de los Cabrones y el descenso por la Vega de Urriello y la Majada de Camburero. De este modo se da un amplio rodeo a los Cuetos Albos con lo que se consigue un mayor conocimiento de todo el sector norte del macizo.

Existen dos refugios para dividir la ruta en dos jornadas más llevaderas, el Refugio JR Luege en el Jou de los Cabrones y el JD Ubeda en la Vega de Urriello. También se puede hacer el circuito tomando como base el Albergue de Bulnes.

• **Desnivel aproximado:** 2.330 m de subida y otros tantos de bajada.

• **Dificultad:** Larga ruta de alta montaña con algunos tramos en los que la ausencia de caminos exige poseer un buen instinto montañero e interpretar bien el mapa. La ascensión al Neverón es de una dificultad PD inf (según la tabla de la página12).

• **Horario total aproximado:** 12 h
• **Punto de partida y llegada:** Puente Poncebos.
• **Itinerario:**

PRIMERA PARTE: DE PUENTE PONCEBOS AL JOU DE LOS CABRONES.

0,00 Puente Poncebos. *Desde el Bar "Garganta del Cares", seguir la pista que todavía se prolonga algunos cientos de metros más adentrándose en la garganta. Poco después de pasar un túnel, dejar la pista y bajar a la izquierda por un sendero que atraviesa el Río Cares por el popular Puente de la Jaya. El sendero pasa junto a una cabaña y gana altura en zigzag antes de entrar en la angosta Canal del Tejo. Su espectacular trazado no deja de asombrar durante toda la subida. Gran parte de él discurre tallado sobre las rocas de la margen izquierda (en el sentido de la marcha) de la impresionante canal.*

A la salida de la canal se encuentra una pequeña pradería con una cabaña y un puente. Atravesando el puente se sube directamente a Bulnes de Arriba (Barrio del Castillo). Si se desea pasar por La Villa, hay que continuar unos 15 minutos más junto al río, sin cruzarle.

1,20 Bulnes (La Villa). *El emplazamiento de esta aldea es increíble, en medio de una encrucijada de canales en las que se puede adivinar la antigua presencia de los hielos cuaternarios.*

Travesías

Llegando al Jou de los Cabrones. Al fondo se ven las Agujas y el Pico de los Cabrones y detrás El Cerredo

Subir al barrio de arriba y seguir el camino que se dirige al oeste hacia la canal de Amuesa. Remontar toda la canal en repetidos zigzag y ganar el Collado de Cima, tras el que se descubre la Majada de Amuesa a la derecha.

2,45 Amuesa. Ascender hacia la izquierda (S) a todo lo largo de la Cuesta del Trave, siguiendo las marcas de un pequeño sendero señalizado con jitos y pequeñas manchas de pintura roja.

En lo alto de esta característica ladera se corona la loma que baja de los primeros contrafuertes de los Cuetos del Trave. Descender entonces algunos metros atravesando llambrias de fuerte inclinación para entrar en una caótica zona de torcas y vallejucos (Jou Lluengo). En esta parte no conviene perder el camino para no tener que hacer uso de las manos más de lo necesario. Este discurre por debajo mismo de los Cuetos del Trave y sirve de referencia al principio una gran cueva de boca cuadrada que se abre en los murallones orientales, hacia la cual hay que dirigirse por el fondo de un pequeño vallejuco. Luego el trazado es ya casi horizontal, salvo por una corta subida en la que hay que trepar para alcanzar una pequeña brecha, una cuerda fija a modo de pasamanos ayuda allí a superar este paso.

Después de perder unos metros en el otro lado de esta brecha, atravesar por aéreas cornisas (otra cuerda fija en el paso más delicado) y alcanzar un último collado tras el que se encuentra ya el Jou de los Cabrones.

5,30 Jou de los Cabrones. *En esta aislada depresión, se sitúa el Refugio JR Luege, lo que nos da la oportunidad de partir la excursión, dejando la ascensión al Neverón de Urriello y posterior descenso a Pte Poncebos para el día siguiente.*

SEGUNDA PARTE: DEL JOU DE LOS CABRONES A PUENTE PONCEBOS.

0,00 Jou de los Cabrones. *Dirigirse hacia el sur, recorriendo en toda su longitud el fondo del jou. Salir de él por una canal a la izquierda (E) que conduce a un amplio collado. Desde aquí es ya visible hacia el este el Neverón de Urriello, separado del grupo de Los Albos, a la izquierda, por la Hda Arenera. También se dejan ver desde este collado la Torre de Cerredo, Torre Coello, Torre del Oso y demás cumbres que forman el circo del Jou de Cerredo.*

Pasar a la izquierda sobre un cotero que se alarga hacia el este y seguir por su filo hasta un colladín situado bajo la cara oeste del Neverón de Urriello. Ascender por la pendiente directamente buscando los puntos más asequibles por zonas de gradas y llambrias. Es una corta y divertida trepada sin dificultades destacables.

1,15 Neverón de Urriello. *Desde esta cima se domina una formidable panorámica del macizo, y en especial del Naranjo de Bulnes con la Vega de Urriello a sus pies. Bajar por el mismo itinerario de subida y pasar a la derecha (N) para tomar pie en la Horcada Arenera. Traspasar el collado y rodear los contrafuertes del lado norte del Neverón en travesía casi horizontal. Hay que dirigirse a la cresta que desciende del Neverón de Urriello, un poco por debajo de una característica aguja, el Diente de Urriello (o Aguja de los Cazadores).*

Una vez sobre la mencionada cresta, se aprecia que no es posible el descenso directo hacia la otra vertiente. Descender entonces algunos metros por el filo de la cresta hasta encontrar una estrecha y corta canal-chimenea por la que es posible bajar. Este punto es conocido como la Corona del Raso. La chimenea desemboca en una zona de terrazas por las que se puede alcanzar hacia la derecha el pedrero de la base de la pared, en el cual es visible un sendero.

El sendero pronto se extingue entre el roquedo y deben seguirse los hitos que marcan el itinerario a seguir hacia la Vega de Urriello.

2,35 Vega de Urriello y Refugio JD Ubeda. *Dejar la vega descendiendo por la izquierda de un característico cotero que domina el Jou LLuengo (por la derecha baja el camino del Collado Vallejo, mucho más marcado). Nuestro sendero atraviesa diagonalmente la ancha canal en dirección a los pedreros de su lado izquierdo (oeste). Bajar a todo lo largo de estos pedreros evitando el fondo de la canal para no perder el camino en las traviesas que conducen, a la izquierda, a la Majada de Camburero. El peligro, sobre todo en caso de niebla, está en querer bajar directamente al Jou Bajo, ya que la canal se corta más abajo haciendo difícil el descenso directo.*

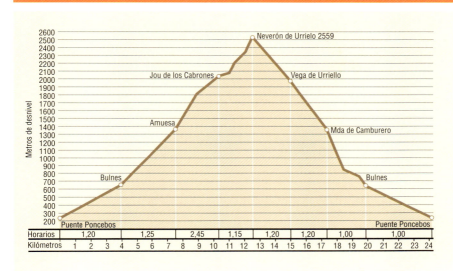

3,55 Majada de Camburero. *Rodear esta bucólica majada, hoy ya sin cabañas utilizables, e iniciar por la derecha el descenso de la angosta Canal de Camburero, la cual desemboca en el Jou Bajo. Salir de esta encajonada depresión hacia la izquierda (N) por un estrechamiento en el que es preciso destrepar unas rocas a menudo mojadas (La Garganta).*

El senderillo recorre ahora el fondo de una canal de aspecto tétrico (Canal de Balcosín), de la que se sale por otra estrechura (Voluga Castisierra). Allí hay que salvar un pequeño desnivel junto a una cascada, bien directamente destrepando a la izquierda o bien ganando un pequeño colladín a la derecha para rodear por camino más cómodo un contrafuerte herboso. En este punto se sale a un valle mucho más abierto en cuyo fondo se ven las casas de Bulnes.

4,55 Bulnes de Abajo. *Continuar el descenso a Puente Poncebos por el camino utilizado a la subida.*

5,55 Puente Poncebos.

Ruta 4: PEÑA CASTIL 2.444 m
ascensión-circuito partiendo de los Invernales del Texu

La Peña Castíl es una de las cimas mejor situadas en el Macizo Central. Desde ella se puede contemplar una magnífica panorámica de todo el sector noreste del macizo. La pared norte del Pico Urriello, especialmente, ofrece una de sus mejores perspectivas hacia esta popular montaña. Las cumbres más altas de Andara también son visibles desde Peña Castíl, asomando tras el Cordal de Juan de la Cuadra.

- **Desnivel aproximado:** 1.564 m de ascensión y otros tantos de descenso.
- **Dificultad:** Ascensión de dificultad moderada, pero con un importante desnivel a superar. El itinerario es fácil de seguir en general.
- **Horario total aproximado:** 7 h 30 min.
- **Punto de partida y llegada:** Invernales del Texu (Sotres).
- **Itinerario:**

0,00 Invernales del Texu. *Comenzar la ascensión al Collado Pandébano siguiendo la nueva pista hasta la primera curva. Allí es preferible dejarla para continuar por el antiguo camino, más bonito y directo que aquella. En el Collado Cuaceya se toma contacto de nuevo con la pista, la cual se ha de seguir hasta su cota máxima, cerca ya del Collado Pandébano.*

1,00 Collado Pandébano. *Por el Camino de la Terenosa (SO), ganar algunos metros y antes de llegar a esta majada, abandonar el sendero para iniciar el largo y empinado ascenso hacia la Canal de las Moñas. Un senderillo apenas perceptible nos ayudará, con sus zigzag, a irle ganando metros a la pendiente sin demasiado esfuerzo. Al llegar a las primeras rocas, se atraviesa a la izquierda (E) para entrar en la Canal de las Moñas, la cual conduce sin apenas pérdida a la majada del mismo nombre.*

2,30 Majada de las Moñas. *Los últimos restos de las numerosas cabañas que allí se encuentran dan fe de la importancia que en otro tiempo tuvo la ganadería en esta alta vega. Hoy sólo una cabaña mantiene su techumbre, ofreciendo un provisional cobijo en caso de emergencia.*

Continuar por un camino de buen trazado, que atraviesa diagonalmente hacia el oeste las suaves laderas septentrionales de la Cabeza de los Tortorios. Se alcanza un primer colladín tras el que se esconde un pequeño hoyo y luego se cruza horizontalmente la parte más alta de la Cuesta Sierra que se prolonga con una regularidad poco común en los Picos de Europa hasta el Monte de la Varera, varios cientos de metros por debajo.

Al final la marcha queda frenada por una franja rocosa que cae en vertical hacia el lado opuesto sobre el Valle del Agua. Una pequeña brecha medio escondida da paso a un sistema de cornisas que conducen hacia la izquierda (E) a la Horcada Camburero, escondida tras la Cabeza de los Tortorios.

3,20 Horcada Camburero. *Desde aquí, sólo queda ascender la empinada pendiente que nos separa de la Cumbre de Peña Castíl, la cual se eleva sobre la horcada en un único tramo, cortado por pequeños resaltes al final.*

4,00 Peña Castíl. *El descenso hasta la Horcada de Camburero se hace por el mismo itinerario de subida. Una vez en ella, iniciar hacia la derecha (E) el largo descenso de la Canal del Fresnedal. Este puede hacerse directamente por la Riega de Camburero, o dando un pequeño rodeo por una canal secundaria a la izquierda, para pasar así por la Majada de Carbonal. De uno u otro modo, lo más cómodo en la parte baja de la canal es ir a parar a la Majada de Fresnedal, situada sobre el filo de la loma que desciende desde Peña Castíl, en su parte más baja. De ese modo se sigue un buen sendero, que sin problemas conduce a las Vegas del Toro.*

6,20 Vegas del Toro (o de Sotres). *Bajar a todo lo largo de la pista que recorre el valle del Duje hasta los Invernales del Texu, punto de partida de la excursión.*

7,05 Invernales del Texu.

Picos de Europa

Canal del Fresnedal · Pico Urriello 2519 · Cuetos del Albo · Peña Castil 2444 · La Párdida 2596 · La Morra 2554 · Hda Camburero · Neverón de Urriello 2559 · Cabeza de las Moñas 2067 · Cdo Pandébano

Canalón del Jierru y las cumbres más altas del Macizo Oriental desde la Horcada Camburero

Ruta 5 — PICO VALDOMINGUERO 2.265 m
ascensión-circuito partiendo del Jito de Escarandi

El Valdominguero, es el primero de una serie de picos que se alinean hacia el norte desde la Pica del Jierru hasta la Pica de Fuente Soles. Este cordal, de altitud moderada, pero de magníficas vistas sobre la vertiente oriental del Macizo Central, es el que se propone recorrer por todo lo alto en esta excursión. Para llegar al Collado Valdominguero, utilizamos uno de los antiguos caminos mineros abiertos en Andara a finales del siglo pasado. Gracias a él, la aproximación se ve muy facilitada, sobre todo en las traviesas de la vertiente noroeste de los dos Grajales.

• **Desnivel aproximado:** 974 m de ascensión y 1.220 m de descenso si se termina la ruta en Sotres, de lo contrario el descenso será igual que la ascensión en desnivel.

• **Dificultad:** Recorrido de media montaña no muy duro, pero con algunos pasajes de trepada aéreos y algo complejos en la travesía del Valdominguero.

• **Horario total aproximado:** 6 h

• **Punto de partida:** Jito de Escarandi.

• **Punto de llegada:** Este puede ser el mismo punto de partida, o también hacer como se propone en la guía: bajar desde Fuente Soles directamente a Sotres, completando así la travesía. En este caso debe contarse con dos vehículos para subir a Escarandi o contratar un taxi en Sotres.

• **Itinerario:**

0,00 Jito de Escarandi. *Tomar la pista que asciende hacia el sur adentrándose en el macizo y que alcanza, al final de la Canal de las Vacas, una vieja explotación minera de la que todavía existe un antiguo casetón (Casetón de Andara).*

1,00 Casetón de Andara. *Improvisado refugio (ver sus características en la página 85). Por detrás del casetón, tomar un buen camino que gana altura en amplios zigzag por los pedreros que caen del Mancondiú. En pocos minutos se alcanza un collado seguido de una llanada en donde existe una pequeña charca que sirve de abrevadero (Cdo de la Aldea). Seguir el camino que se dirige al oeste hacia el vecino Pozo de Andara, pero a los pocos metros, sin llegar a dar vista a la laguna, tomar un camino armado con piedras que trepa por un zócalo rocoso a la izquierda (S). Así se llega, tras este primer escalón, a las Minas de Mazarrasa. Numerosas ruinas de casetones y caminos en todas direcciones dan fe de la gran actividad minera que debió desarrollarse en este lugar.*

Guiándose un poco por la lógica, seguir el camino que gana altura rodeando los espolones rocosos que se descuelgan del Castillo del Grajal por la vertiente oeste. El camino discurre allí tallado en la pared casi vertical que cae hacia el Pozo de Andara a más de cien metros sobre el nivel de los restos de

Página anterior: Cara sureste del Pico Valdominguero.

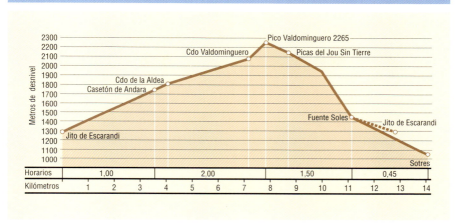

la antigua laguna, espectacular tramo que conduce a las Traviesas del Grajal de Abajo. El camino aquí, atraviesa pedreros interminables de extremada pendiente, difíciles de transitar de no existir éste. Al final de Los Vallejucos, se alcanza un collado que da vista a un profundo hoyo (el Jou Lleroso), sobre el que se alza, enfrente, el Pico Valdominguero. Rodear por la izquierda sin perder altura el jou (Traviesas del Grajal de Arriba) y ganar el Collado de Valdominguero, al sur del pico.

Trepar a la derecha de la arista S del pico por pequeñas canales semiherbosas fáciles, pero que exigen atención (II+), para ganar el filo de la arista y seguir después por ésta hasta la cima.

3,00 Pico Valdominguero. *Recorrer la cresta en dirección norte. Pasajes aéreos no muy difíciles, pero que pueden aconsejar el uso de la cuerda como medio de seguro para los menos habituados. Después de un último destrepe, se alcanza una zona ya mucho más fácil en el cordal. Recorrer sin problemas unas cuantas cumbres (Picas del Jou Sin Tierre). Desde la última de ellas es posible bajar hacia el Picu Boru, o ascender todavía al Cuetu Tejau antes de iniciar el descenso. De una u otra forma se alcanzan las redondeadas cumbres del Pico Boru y Cueto de los Calabreros y de allí, siguiendo la loma, ahora más afilada y pendiente, el pequeño hoyo de Fuente Soles.*

4,50 Fuente Soles. *Allí se encuentra, algo escondida, la fuente que da nombre a la llamativa cumbre que domina el hoyo por el norte. Salir de este hoyo hacia el NE para bajar hacia el Jito de Escarandi, o alargar un poco más la excursión tomando hacia la izquierda (O) un senderillo que por el Collado de Cima y Collado del Medio, enlaza con las pistas ganaderas que conducen a Sotres.*

5,35 Sotres.

Ruta 6 — PICO DE SAMELAR 2.227 m
ascensión-circuito partiendo de Colio

Con el circuito que se sugiere a continuación se recorre una buena parte del sector oriental de Andara. El punto culminante de la excursión está en el Pico de Samelar, pero opcionalmente se puede ascender a otras cumbres secundarias por las que el itinerario pasa muy cerca (Pico Paña, Pico del Acero, Pico de las Agudinas y Alto de las Verdianas).

También se pasa junto a curiosidades geológicas como el Canchorral de Hormas, auténtico glaciar de piedra que se desliza desde una gran oquedad el SE del Pico de las Agudinas. Este fenómeno natural único en Los Picos, también es conocido por los de Colio como "Los Diablillos de Colio". La caída de piedras que de cuando en cuando se produce fue achacada según una vieja leyenda a los famosos diablillos. Estos desprendimientos periódicos causaron daños en algunas construcciones ribereñas del pueblo, siendo la más importante la que ocurriera en 1.902, la cual separó definitivamente los dos barrios de Colio arrasando la Ermita de San Lorenzo. En el Prao los Treños, collado situado entre el Pico de las Agudinas y el Pico del Acero, se puede contemplar de muy cerca El Canchorral.

Desde el Collado de la Llaguna se ha de superar el obstáculo que supone la Paré Corvera, larga muralla que se eleva, infranqueable, sobre la Canal del Valle (nacimiento del Río Corvera), protegiendo por el sur al Alto de las Verdianas. Esta larga pared, que se prolonga al oeste durante casi cinco kilómetros hasta el Collado de San Carlos, sólo cuenta con tres pasos asequibles para ser flanqueada sin material ni técnica de escalada.

El primero de estos pasajes, empezando por el este, es la Senda del Palo, ocasionalmente utilizada por los pastores en el pasado y que comporta riesgos importantes, lo que la hace desaconsejable para los excursionistas. Los otros dos pasos son el de La Héndida y el de El Rendijón, situados al oeste del Collado de la Llaguna. Para nuestra excursión utilizaremos el de La Héndida, por ser éste el más fácil y el que nos deja más cerca de la cumbre de Las Verdianas. Más al oeste y un poco más bajo está El Rendijón, el más llamativo de los tres pasos mencionados. Se trata de una estrecha canal-chimenea en la que es preciso trepar y pasar por una especie de túnel formado por un gran bloque empotrado. En esta canal existe el peligro de las piedras sueltas.

- **Desnivel aproximado:** 1.677 m tanto de subida como de bajada.
- **Dificultad:** Recorrido de media montaña con un importante desnivel a superar. El camino, no muy claro en algunos puntos, exige atención e interpretar bien el mapa. De cualquier modo, no es una ruta comprometida y puede resultar un buen primer contacto con la especial orografía de Los Picos de Europa.
- **Horario total aproximado:** 7 h 30 min.
- **Punto de partida y de llegada:** Colio.

Travesías

Caminando por encima del Collado de la Llosa. Al fondo, el Pico de las Agudinas y el Alto de la Verdianas

- **Itinerario:**

0,00 Colio. *Al este del pueblo, asciende una buena pista de tierra hacia el norte, ganando rápidamente altura hasta Las Pedreas y el Collado Los Pandos. La pista traspasa el más alto de los dos Pandos y se dirige horizontalmente por la vertiente opuesta hacia la Canal de los Riscos. Un poco antes, la pista muere junto a una fuente.*

0,45 Fuente Culudre. *Ahora ya pisando el camino original del Puerto de Quión nos acercamos a la mencionada canal, erizada de pequeños riscos. El camino zigzaguea repetidamente entre ellos para alcanzar un colladín en lo alto.*

Virar a la izquierda (O) y subir por el fondo de un pqueño valle que conduce al Puerto de Quión. No es preciso llegar al puerto. Tomar a la derecha un leve senderillo que entra en otro valle y remontarlo hasta su extinción en medio de las amplias laderas que caen de Los Castros hacia la cuenca superior del Corvera, dando ya vista a la garganta que forma este río más abajo. El camino en esa parte se pierde por momentos y es preciso superar una canaleta herbosa muy pendiente e incómoda (más cómodo por fuera de la canal en el canto derecho). Se gana así, tras una corta travesía sobre rocas que exigen atención, un collado situado entre Los Castros y el Pico del Acero.

El Canchorral de Hormas desde el Prao Los Treños

Ascender unos pocos metros hacia el Pico del Acero y pasar, si no se desea hacer esta cima, por un colladín a la derecha a su vertiente norte, la cual es atravesada por un buen sendero hasta el Prao Los Treños, collado visible justo enfrente.

2,15 Prao Los Treños (Collado). *Vista al oeste del Canchorral de Hormas. Proseguir la ascensión por un sendero apenas perceptible que gana altura por el norte siguiendo al principio el filo de la loma. Luego atraviesa horizontalmente por la derecha toda la ladera, sobre rocas algo resbaladizas en algunos tramos (Concha de Valcayo). En pocos minutos se da vista a la Canal del Valle. Atravesar la inclinada ladera norte del Pico de las Agudinas, siguiendo cualquiera de los varios senderos que la cruzan en dirección al Collado de la Llaguna, el cual se ve más arriba, bajo las paredes verticales del Alto de las Verdianas.*

3,05 Collado de la Llaguna. *Subir algunos metros sobre el collado (N) para iniciar el descenso hacia la izquierda (O). Es preciso arrimarse en esta parte lo más posible a la pared, ya que el terreno es muy pendiente y difícil de transitar y el camino más factible va por la misma base de la pared. Se pierden algunos metros hasta llegar a la entrada de una cueva (hay alguna otra antes). A la derecha de esta cueva, se inicia una escondida senda que gana altura en diagonal hacia la derecha siguiendo aéreas cornisas. Enseguida se supera la parte más vertical y se entra en una canal que ha de seguirse (fácil trepada) hasta su extinción en un amplio collado cercano a la cumbre del Alto de las Verdianas. Alcanzar sin dificultad esta cumbre hacia la derecha (E).*

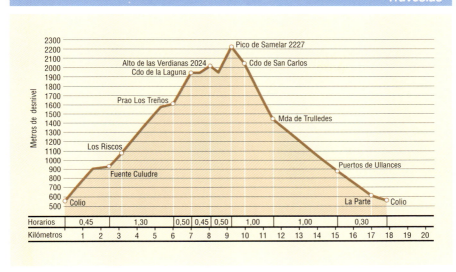

- **3,50 Alto de las Verdianas.** *Descender de nuevo hasta el collado anterior y continuar por la derecha atravesando llambrias y llastralezas en dirección al Pico Samelar, a cuya cumbre se llega sin problemas por su vertiente este.*
- **4,40 Pico de Samelar.** *Magnífica panorámica del macizo y de la región lebaniega. Bajar hacia el E, hasta el cercano Collado de San Carlos e iniciar allí el largo e incómodo descenso de la canal del mismo nombre que conduce hasta la Majada de Trulledes, visible unos 600 m más abajo.*
- **5,40 Majada de Trulledes.** *Salir de la majada por la izquierda siguiendo una pista de tierra que conduce sin pérdida a los Puertos de Ullances. Cuando esta pista llega al filo del largo cordal que se prolonga hacia Potes, tomar una desviación a la izquierda que en unos cuantos zigzag nos dejará en La Parte, y de allí pasar a Colio.*
- **7,10 Colio.**

Ruta 7 — MORRA DE LECHUGALES 2.444 m
circuito por las grandes canales meridionales de Andara

Alcanzar la cumbre de la Morra de Lechugales es llegar al punto más alto de Andara, pero tal como se propone en este itinerario es además una actividad montañera a través de la cual se puede obtener un buen conocimiento de la vertiente meridional del macizo. La dureza de la ruta viene dada principalmente por el tremendo desnivel que hay que salvar de un solo golpe en la Canal de Lechugales y el posterior descenso por la de las Arredondas, las dos grandes canales de esta vertiente del macizo. Sin embargo, la salvaje belleza de los lugares por los que discurre la ruta y el carácter alpino de la misma, la hacen especialmente atractiva y recomendable.

• **Desnivel aproximado:** 1.794 m tanto de ascenso como de descenso.

• **Dificultad:** Recorrido de alta montaña de gran dureza en cuanto al desnivel y de una cierta complejidad por la ausencia de caminos. También hay que contar con la trepada que comporta la ascensión a la Morra de Lechugales (PD sup). Es una de las rutas más duras que se reseñan en la guía.

• **Horario total aproximado:** 10 h 30 min.

• **Punto de partida y de llegada:** Tanarrio.

• **Itinerario:**

0,00 Tanarrio. *Subir a lo más alto del pueblo. De allí parten dos buenos caminos de carro a derecha e izquierda. Tomar el que se dirige por la izquierda a la Ermita de San Facundo y seguirle hasta su extinción en los Prados de Coardes.*

A partir de Coardes, el camino es sólo una sencilla senda que poco a poco va desapareciendo. Un poco por encima de una pequeña oquedad a la derecha del camino (Cueva Masera) hay que cruzar la riega y ganar algunos metros por la orilla contraria. Así se salva una pequeña garganta que hay a la entrada de la Canal de Lechugales. Por encima de este estrechamiento, la canal se abre en una pequeña campera receptora de los pedreros que caen de la Canal Mermeja y Canal de Lechugales.

1,45 La Campa. *Es en este punto donde comienza la ascensión a la Canal de Lechugales propiamente dicha. Desde esta posición, la canal presenta un aspecto inaccesible debido a los numerosos resaltes que parecen cortar el paso. Evitar los primeros por la derecha siguiendo un minúsculo sendero que aparece de vez en cuando sobre la hierba. Más arriba ya no existe ni rastro de él, y hay que guiarse por la intuición para buscar el mejor paso entre los escarpes que se van sucediendo a lo largo de la canal. Es difícil dar referencias exactas al respecto, pero en la primera mitad de la canal es preferible subir por la derecha, cerca de las paredes que caen del Mermejo la Tabla. Se ha de trepar por el fondo de algunas pequeñas canales. Más arriba la canal se hace más cómoda por su centro y se llega a un pequeño hoyo en el que descargan los pedreros de la parte superior.*

Travesías

La Cumbre de la Morra sobre la Canal de Lechugales

LOS URRIELES Y ANDARA

Picos de Europa

Valdebaró desde la parte superior de la Canal de las Arredondas

Continuar por el fondo de la canal hasta que ésta acaba en un hoyo formando circo con las cumbres de la Morra de Lechugales a la izquierda (O) y la Silla de Caballo a la derecha (E). Hay que alcanzar ahora el collado que se forma entre estas dos cimas, el cual parece estar defendido por rocas verticales. Trepar por una canal a la izquierda de la vertical del collado para acceder a unas gradas que conducen al collado hacia la derecha.

Una vez en el collado, pasar a la otra vertiente y atravesar a la izquierda por una ancha traviesa colgada sobre los escarpes que caen al Hoyo del Evangelista. A pocos metros del collado, se abre a la izquierda una especie de canal-vira por la que se puede acceder fácilmente a la cresta entre los Picos del Jierru y la Morra de Lechugales. Ascender por este itinerario a la cumbre de La Morra, tal como se describe en la reseña de la misma en la página 125.

5,35 Morra de Lechugales. *Bajar por el mismo itinerario de subida hasta la traviesa horizontal que se extiende bajo la cresta de los Picos del Jierru en la vertiente del Jou del Evangelista (E) y seguirla hacia el norte para rodear la mencionada depresión. En este rodeo se pasa muy cerca de la cumbre de la Pica del Jierru, por lo que su ascensión es muy fácil y puede ser un buen complemento para obtener otro punto de vista más sobre el macizo.*

Travesías

  Crestear hacia el este por el Pico del Grajal de Arriba y tomar contacto tras este pico con el viejo camino minero del Hoyo del Evangelista. Este camino pasa por un momento a la vertiente norte y, medio destruido ya por el paso del tiempo, llega a una estrecha horcada al oeste del Pico del Grajal de Abajo.

6,20 Horcada de las Arredondas. *Descender hacia el sur a todo lo largo de la Canal de las Arredondas siguiendo los restos de un viejo camino minero que a veces se pierde. Después de repetidos zigzag, se llega a un gran pedrero, receptor de todos los que caen por las canales secundarias. En esta parte de la canal se ve con claridad el modelado de origen glaciar. Después del pedrero mencionado, están "Las Cabañas", una campa en la ya que no queda ninguna de las construcciones que le dió nombre, pero a la que suben todavía a pastar algunos rebaños.*

8,00 Las Cabañas. *El camino pasa a la margen izquierda de la canal para salvar por encima una estrecha angostura (Las Allemas). En un par de amplios zigzag se gana el arroyo y, por la orilla opuesta, una pista. Seguir esta pista hasta Brez.*

9,20 Brez. *Por carretera asfaltada bajar a Tanarrio, donde habíamos iniciamos el circuito*

9,50 Tanarrio.

Ruta 8 — CANAL DEL VIDRIO
circuito Aliva-Cda Bonita-Urriello-Hdos Rojos-Aliva

La Canal del Vidrio ofrece la vía de ascensión más rápida a la cumbre de Peña Vieja desde los Puertos de Aliva, pero ello a cambio de un mayor esfuerzo al tener que superar casi mil metros de desnivel en una distancia horizontal relativamente corta. Además de la ascensión a Peña Vieja y a sus cumbres vecinas, por la Canal del Vidrio se puede realizar también una rápida aproximación a la cara sur del "Picu".

Mediante el circuito que se reseña a continuación, se obtiene una visión muy completa del Pico Urriello, ya que prácticamente se le rodea por completo. También se mejorará el conocimiento de un sector poco frecuentado por los montañeros, el de la cabecera del Valle de las Moñetas. Y si se practica la escalada, se puede complementar la excursión con la ascensión al Naranjo de Bulnes.

La ruta se puede hacer sin problemas en el día, incluida la escalada al Naranjo, pero el Refugio de la Vega de Urriello permite organizarla en dos cómodas jornadas.

• **Desnivel aproximado:** 1.107 m de subida y otros tantos de bajada a los que hay que añadir otros 290 m si se sube al Pico Urriello.

• **Dificultad:** La ruta se desarrolla en su primera mitad, desde las Minas de las Mánforas a Urriello, por terreno salvaje totalmente carente de senderos. El descenso de la Collada Bonita hacia el Jou Tras el Picu es algo delicado, en especial si todavía perdura la nieve.

En la segunda parte, el regreso desde la Vega de Urriello, el camino está ya bien marcado, pero la subida a los Horcados Rojos puede ser también problemática si hay nieve. En todo caso, hay que prestar atención allí a la posible caída de piedras. En cuanto a la escalada al Pico Urriello, su dificultad de conjunto es D inf.

• **Horario total aproximado:** 8 h para el circuito. El horario de la escalada al Picu puede variar significativamente en función del nivel técnico de cada uno, pero este puede estimarse entre 2 y 3 h con descenso incluido.

• **Punto de partida y de llegada:** Hotel-Refugio de Aliva.

• **Itinerario:**

0,00 Hotel-Refugio de Aliva. *Por un sendero no muy marcado, atravesar hacia el NO las praderías para ir hasta las Minas de las Mánforas, al pie de la Canal del Vidrio. Remontar el pedrero de la base siguiendo los restos de un antiguo camino minero para llega al pie de la barrera rocosa que corta el paso a la entrada de la canal. El camino allí, tallado sobre la misma roca, hoy casi ha desaparecido y es preciso trepar por lo que queda de él hacia la izquierda. Estos pasajes son difíciles de localizar cuando se viene desde arriba, por lo que no es recomendable descender por la Canal del Vidrio si no se conoce previamente.*

Una vez superada la barrera rocosa, se entra en la parte alta de la canal que sin más problemas que el de la fuerte pendiente, se supera hasta lo más alto para traspasar el cordal de Juan de la Cuadra por su extremo superior.

Travesías

Hacia la Cda Bonita, visible a la izq de la inconfudible Aguja de los Martínez. A la der, Cuchallón de Villasobrada

1,50 Coteras Rojas. *Pasar la collada y dirigirse hacia el norte atravesando la parte alta del Valle de las Moñetas. El terreno, abrupto y casi sin senderos, obliga a efectuar continuas bajadas y subidas para evitar pequeños obstáculos. Se llega así al Hoyacón de Villasobrada, al SO del pico del mismo nombre. Remontar los pedreros para ganar Las Colladetas, a la izquierda (O) del Cuchallón y de allí pasar la Collada Bonita, estrecha brecha situada al sur de una llamativa aguja (La Aguja de los Martínez, cuyo nombre recuerda a una popular familia de cabraliegos que cumplieron la función de guías en Los Picos de Europa).*

2,50 Collada Bonita. *Descender por el pedrero hacia el Jou Tras el Picu con tendencia diagonal a la derecha para ganar el Collado de la Celada, que se sitúa al norte del jou. Este es el punto de ataque para la escalada al Naranjo (ver reseña en la página 102 si se desea hacer la ascensión).*

Para bajar a la Vega de Urriello, ir hacia el norte atravesando llambrias y llastralezas con tendencia a la derecha. La Canal de la Celada presenta en su mitad una zona de resaltes que son más fáciles por ese lado. Algunos hitos y rastros de sendero ayudan a orientarse en este descenso. A la salida de la canal, subir a la izquierda (S), rodeando El Picu para alcanzar en pocos minutos la Vega de Urriello.

3,40 Refugio JD Ubeda. *Para regresar de nuevo a Aliva, ascender hacia el sur siguiendo un sendero bien marcado. Enseguida se alcanza la Garganta del Jou Sin Tierra. Destrepar unas rocas fáciles a la izquierda del collado y rodear el Jou*

Picos de Europa

LOS URRIELES Y ANDARA

por el este para pasar a otro hoyo algo más alto, el Jou de los Boches. Atravesar esta última depresión y ascender, medio trepando a veces, por la cara norte de la Torre de los Horcados Rojos. En los tramos más difíciles hay instalado un cable, que ayuda a superarlos a la vez que indica el camino, pero en caso de tormenta eléctrica puede ser un peligro a considerar. Tras los últimos resaltes el camino se desvía a la derecha para ganar los Horcados Rojos.

5,50 Horcados Rojos. *El sendero desciende del collado directamente hacia el sur (La Cabaña Verónica se ve al frente sobre una loma rocosa). Seguirlo sin apenas posibilidad de pérdida ya que éste va cobrando mayor importancia a medida que se pierde altura. Después de atravesar los pedreros que caen de la Peña Vieja se entra en contacto, en La Vueltona, con la pista que viene de Aliva. Seguirla hasta la Horcadina de Covarrobres.*

7,15 Horcadina de Covarrobres. *Dejar el ramal que se dirige a la derecha hacia El Cable y atravesar la horcadina para descender a Aliva.*

8,00 Hotel-Refugio de Aliva.

Página anterior: Pared Oeste del Pico Urriello desde la Vega del mismo nombre

Ruta 9 — TRAVESIA CLASICA DEL MACIZO CENTRAL
travesía El Cable-Puente Poncebos por Hdos Rojos

Esta es probablemente la ruta más frecuentada de Los Urrieles. En ella se unen los dos itinerarios más clásicos de aproximación a la Vega de Urriello, el de la vertiente sur por El Cable y Horcados Rojos y el del norte desde Poncebos por Bulnes y Camburero, este último ahora en desuso desde la construcción de la Senda del Collado Vallejo. Aunque se puede bajar de Urriello por este nuevo camino simplificando sensiblemente la excursión, es mucho más interesante terminar la travesía por el antiguo itinerario de Camburero y Bulnes. En él se puede apreciar mejor la salvaje belleza de Los Picos. Las profundas gargantas cabraliegas contrastan allí con la luminosidad de las cumbres más altas del macizo, bajo las cuales se pasa en la primera parte de la excursión.

La travesía puede efectuarse perfectamente en el día, pero el Refugio de la Vega de Urriello permite dividirla en dos jornadas y complementar así la excursión con la ascensión de alguna de las cumbres que van quedando cerca del itinerario (Peña Vieja, Horcados Rojos, Tesorero, Naranjo de Bulnes etc.).

- **Desnivel aproximado:** 510 m de ascensión y 2.126 m de descenso.
- **Dificultad:** Toda la ruta discurre por senderos más o menos marcados que no ofrecen mucha dificultad salvo en el descenso al Jou de los Boches y algún corto paso en el Jou LLuengo y Garganta del Jou Bajo. En cuanto a los desniveles a superar son mínimos, al aprovechar el Teleférico de Fuente Dé para partir de una buena altura.
- **Horario total aproximado:** 7 h 30 min.
- **Punto de partida:** El Cable (estación superior del Teleférico de Fuente Dé).
- **Punto de llegada:** Puente Poncebos. El regreso a Fuente Dé, si se dejó allí el vehículo propio, se puede hacer contratando un taxi todo-terreno en el mismo Puente Poncebos; o bien por medio de otra excursión pedestre (La Ruta del Cares combinada con otro itinerario que pase de Valdeón a Fuente Dé, por ejemplo).
- **Itinerario:**

0,00 El Cable. *Tomar la pista que sale de la misma estación del teleférico hacia el norte. Pronto se llega a la Horcadina de Covarrobres, donde la pista se bifurca. Seguir por el ramal de la izquierda dejando a la derecha el que atraviesa la horcadina para entrar en Aliva. La pista se adentra algo más de 2 km en el macizo. Seguirla hasta un punto donde ésta hace una pronunciada curva (La Vueltona) bajo los pedreros que caen de la vertiente SO de Peña Vieja.*

0,30 La Vueltona. *Dejar la pista y continuar al frente por un sendero que atraviesa los mencionados pedreros. Tras unos cuantos zigzag, en una zona de pendiente más pronunciada entre grandes bloques, se llega a un descanso frente a una llamativa aguja (Aguja Bustamante). El camino allí se bifurca. El ramal de la derecha se dirige hacia el Collado de la Canalona y es el que debemos tomar si deseamos hacer la ascensión a la Peña Vieja. El de la izquierda atraviesa por*

Peña Remoña desde Fuente Dé

Por encima de La Vueltona, camino de los Horcados Rojos

Picos de Europa

La espectacular pared meridional de la Torre de los Horcados Rojos

debajo del murallón sur de la Torre de los Horcados Rojos y rodea esta torre para alcanzar el collado del mismo nombre. Frente a la Torre de los Horcados Rojos es también visible la Cabaña Verónica, elevada sobre un promontorio rocoso.

1,40 Horcados Rojos. *Desde este elevado paso, se contempla ya una excelente panorámica de cumbres, con la inconfundible figura del Pico Urriello al frente. Pero si se desea ampliar un poco más esta panorámica se puede ascender a cualquiera de las dos cumbres vecinas: la Torre de Horcados Rojos o el Pico Tesorero (ver reseña en la página 113).*

Atravesar hacia la derecha (E), por debajo de la cumbre de la Torre de los Horcados Rojos (vertiente norte), siguiendo un sendero que conduce a un cable. Este cable, sujeto a varias barras ancladas en la pendiente, facilita el descenso directo al Jou de los Boches, señalando además el mejor camino. Es el tramo

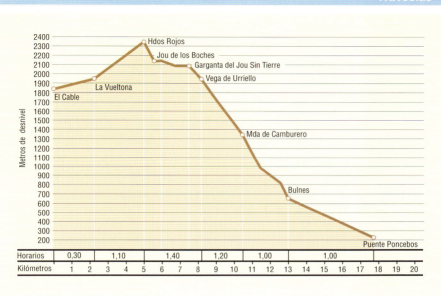

de la ruta más difícil y también algo peligroso a causa de las posibles caídas de piedras originadas por los propios excursionistas. Una vez en el fondo del jou, atravesarlo hacia su salida natural (N), la Garganta del Jou de los Boches y pasar a un nuevo jou, el Jou Sin Tierre. El sendero flanquea ahora esta gran depresión por la derecha (E) y alcanza su garganta norte tras unos cortos pasos sobre roca. En este collado, la vista de la cara oeste del Naranjo es impresionante. A su pie se ve también ya la Vega de Urriello y el Refugio JD Ubeda.

3,20 Vega de Urriello. *Para el descenso hacia Puente Poncebos consultar la reseña de la ruta nº 3 (Neverón de Urriello), página 140.*

6,40 Puente Poncebos.

Ruta 10 — TORRE DEL LLAMBRION 2.642 m
circuito alrededor del Llambrión partiendo de Fuente Dé

La Torre del Llambrión es la segunda cima en altitud de Los Picos de Europa, después de la Torre de Cerredo, de la cual se separa por la depresión del Hoyo Grande. El Llambrión preside un largo cordal que se prolongan desde Moeño hasta los Hoyos de Lloroza en una línea recta (NO-SE) casi perfecta. El circuito que se sugiere atraviesa por su centro dicho cordal rodeando su extremo oriental. Para pasar de una vertiente a la otra del cordal, utilizaremos el Tiro Callejo, que con casi 2.600 m de altitud es el paso más elevado del macizo, habitual entre los montañeros para enlazar el Refugio de Collado Jermoso y la Cabaña Verónica. La ascensión al Llambrión es un excelente complemento en el circuito propuesto, ya que se puede efectuar sin apenas esfuerzo al quedar muy cerca del Tiro Callejo.

• **Desnivel aproximado:** 900 m de subida y 1.680 m de bajada.

• **Dificultad:** Las mayores dificultades se encuentran entre la Cabaña Verónica y Collado Jermoso. En ese tramo no existen caminos y el terreno es muy caótico, grandes bloques, llambrias y llastralezas es la tónica general. Además, la nieve puede dificultar aún más el paso en ciertos sitios. El descenso del Tiro Callejo consiste en una canal-chimenea en la que es preciso efectuar algunos destrepes que pueden hacer aconsejable el uso de la cuerda como seguro. En este itinerario siempre puede ser útil el piolet.

• **Horario total aproximado:** 8 h 45 min. La excursión puede hacerse en dos jornadas, utilizando para ello el Refugio de Collado Jermoso como punto intermedio.

• **Punto de partida y llegada:** Fuente Dé.

• **Itinerario:**

0,00 Fuente Dé. *Subir a Lloroza, bien por medio del teleférico o por la Canal de la Jenduda (ver reseña en la página 86). En este último caso hay que añadir al horario cerca de dos horas más.*

0,00 El Cable. *Subir hasta la Cabaña Verónica siguiendo las instrucciones de la primera parte del itinerario anterior (travesía nº 9).*

1,30 Cabaña Verónica. *Pequeño refugio prácticamente inútil para pernoctar debido a su reducido tamaño. Remontar la loma rocosa en la que se asienta el refugio en dirección al Pico Tesorero (NO). Una vez alcanzada una primera elevación, se da vista a los Hoyos Sengros, de aspecto muy caótico. Atravesar horizontalmente en toda su anchura la vertiente sur del Pico Tesorero, sin perder altura. El camino aquí inexistente debe trazarse intuitivamente. Se trata de llegar a la Collada Blanca con el menor esfuerzo posible. Existen una serie de llastrales horizontales a modo de providenciales cornisas que si se siguen con acierto facilitan enormemente la travesía.*

Una vez en la Cda Blanda, perder algunos metros por la izquierda y después de algunos cortos destrepes alcanzar el Hoyo Tras Llambrión. Remontar el hoyo

Vista aérea del Collado Jermoso desde el Tiro Callejo

con ligera tendencia a la derecha zigzagueando para evitar algunos resaltes que cortan el paso. Se llega así a un gran campo de nieve que si está avanzado el verano se puede bordear por la base en gran parte. En todo este tramo se encuentran de vez en cuando algunos hitos que indican el mejor camino a seguir. El circo que lo rodea nos cierra el paso a excepción de una breve brecha que se abre en la cresta que baja desde la cumbre de la Torre del Llambrión hacia el norte. Es el Tiro Callejo, al cual debemos dirigirnos atravesando ocasionalmente el extremo occidental del nevero.

3,15 Tiro Callejo. *Desde este punto se puede efectuar la ascensión a la Torre del Llambrión (ver reseña en la página 108). El Refugio de Collado Jermoso se ve al otro lado de la horcada, muy abajo, en su aéreo emplazamiento. Para llegar a él hay que bajar primero al Hoyo del Llambrión, inaccesible aparentemente desde donde estamos. La canal que se abre bajo la horcada, de inclinadísima pendiente, parece acabar más abajo en un cortado vertical que no nos deja ver la base de la muralla. Sin embargo la canal se desvía a la derecha y por una chimenea se alcanza el nevero de la base. En todo caso hay que prestar atención a la posible caída de piedras en este aéreo descenso.*

Una alternativa a este peligroso descenso, es rodear la Torre de las Llastrias, al norte del Tiro Callejo y alcanzar la estrecha brecha que se sitúa entre esta torre y la de la Palanca. Las dificultades de esta segunda alternativa se concentran

Picos de Europa

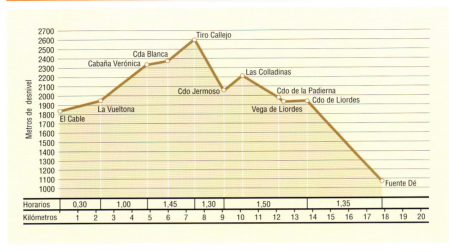

en los 7 ó 8 metros de arista que hay que destrepar para alcanzar la brecha mencionada. Este corto tramo no pasa de III grado de dificultad, pero es muy aéreo y espectacular. Algunos excursionistas poco habituados al vacío podrían necesitar la ayuda psicológica de una cuerda. Otra ventaja de esta variante es que por ella se suele evitar el nevero que hay debajo del Tiro Callejo. Continuar el descenso al Hoyo del Llambrión por incómodos pedreros y de allí siguiendo los hitos que indican el camino, alcanzar el Refugio del Collado Jermoso.

4,45 Collado Jermoso. *Donde se puede pasar la noche, si se desea dejar el regreso a Fuente Dé para el día siguiente.*

Para volver a Fuente Dé, tomar el camino de Liordes, que atraviesa, bien marcado, el Argayo Congosto y asciende hacia Las Colladinas. Estas cinco colladinas colgadas a cientos de metros sobre la Canal de Asotín, dan paso providencialmente al circo sur del Llambrión, desde el que un sendero tallado sobre la misma roca (Sedo de la Padierna) conduce a la Vega de Liordes. Todo este tramo es bastante frecuentado y el camino esta bien marcado. Una vez en la Vega de Liordes atravesarla en toda su longitud hacia el este para salir de ella por el collado del mismo nombre. En los alrededores se pueden distinguir los restos de una antigua explotación minera.

6,35 Collado de Liordes. *Aprovechando lo que queda del antiguo camino de servidumbre de las citadas minas, bajar en innumerables zigzag a lo largo de la impresionante Canal del Embudo. El camino conduce directamente a Fuente Dé.*

8,10 Fuente Dé.

INDICES

INDICE ALFABETICO DE CUMBRES RESEÑADAS EN LA GUIA 168
INDICE GENERAL 172

INDICE ALFABETICO DE CUMBRES RESEÑADAS EN LA GUIA

	MACIZO Y CUMBRE	Pág	FECHA DE LA ASCENSION
MACIZO OCCIDENTAL	Alba (Torre del) 2.390 m	46	
	Bolu (Porru) 2.025 m	33	
	Cabra Blanca (Torre de la) 2.320 m	43	
	Cabrones (Torre de los) 2.290 m	46	
	Canal Parda (Torre de la) 2.350 m	46	
	Cebolleda (Torres de) 2.445 m	35	
	Cuvicente (Pico) 2.014 m	48	
	Enmedio (Torre de) 2.567 m	39	
	Requexón (El) 2.174 m	33	
	Robliza 2.227 m	47	
	Santa de Castilla (Torre) 2.96 m	43	
	Santa María (Torre de) 2.486 m	36	
	Torco (Torres del) 2.452 m	40	
	Torrezuela (La) 2.322 m	40	
	Tres Marías (Torre de las) 2.420 m	39	
	Verdelluenga (La) 2.129 m	49	
MACIZO CENTRAL	Albo (Cueto) 2.414 m	101	
	Albo (Pico) 2.442 m	102	
	Arenizas (Picos) 2.520 m	114	
	Blanca (Torre) 2.617 m	113	
	Boada (Pico) 2.523 m	99	
	Cabrones (Pico de los) 2.553 m	97	
	Campanarios (Los) 2.572 m	118	
	Castil (Peña) 2.444 m	107	
	Celada (Torre de la) 2.470 m	107	
	Cerredo (Torre de) 2.648 m	97	
	Coello (Torre) 2.584 m	99	
	Cuchallón de Villasobrada 2.461 m	107	
	Dobresengros (Picos de) 2.395 m	95	
	Escamellau (El) 2.068 m	121	
	Friero (Torre del) 2.445 m	114	
	Hoyo de Liordes (Torre del) 2.474 m	115	
	Hoyo Oscuro (Torre del) 2.417 m	111	
	Llago (Tiro) 2.567 m	112	
	Llambrión (Torre del) 2.642 m	108	

ANOTACIONES

MACIZO OCCIDENTAL

MACIZO CENTRAL

MACIZO Y CUMBRE	Pág	FECHA DE LA ASCENSION
MACIZO CENTRAL		
Madejuno 2.513 m	111	
Morra (La) 2.554 m	106	
Navarro (Tiros) 2602 m	118	
Olvidada (Peña) 2.406 m	120	
Padierna (Pico de la) 2.319 m	110	
Palanca (Torre de la) 2.614 m	108	
Párdida (Torre de la) 2.596 m	100	
Peñalba (Torre de) 2.424 m	108	
Remoña (Peña) 2.227 m	117	
Salinas (Torre de) 2.446 m	116	
San Carlos (Pico) 2.390 m	111	
Santa Ana (Picos de) 2.601 m	118	
Tesorero (Pico) 2570 m	113	
Tirso (Tiro) 2.640 m	109	
Trave (Cuetos del) 2.253 m	95	
Urriello (Neverón de) 2.559 m	100	
Urriello (Pico) 2.519 m	102	
Vieja (Peña) 2.613 m	119	
MACIZO ORIENTAL		
Acero (Pico del) 1.676 m	131	
Agudinas (Pico de las) 1.976 m	131	
Cortés 2.373 m	122	
Grajal de Abajo (Pico del) 2.248 m	124	
Grajal de Arriba (Pico del) 2.349 m	124	
Jierru (Pica del) 2.424 m	125	
Jierru (Picos del) 2.422 m	125	
Joracón de la Miel (Pico del) 1.904 m	122	
Jou Sin Tierre (Picas del) 2.159 m	124	
Junciana (La) 2.267 m	129	
Lechugales (Morra de) 2.444 m	125	
Mancondiú (Pica del) 2.000 m	124	
Rasa de la Inagotable (La) 2.284 m	127	
Sagrado Corazón (Pico del) 2.214 m	130	
Samelar (Pico de) 2.227 m	131	
Silla del Caballo Cimero 2.436 m	126	
Tejau (Cuetu) 2.129 m	124	
Valdominguero (Pico) 2.265 m	124	
Verdianas (Alto de las) 2.024 m	131	

ANOTACIONES

INDICE GENERAL

PRESENTACION 5
RECOMENDACIONES 6
PRIMERA PARTE (Datos de interes para el uso de la guía y los mapas) 7
   I-a) Rasgos geográficos 8
   I-b) El relieve 9
   I-c) La nieve 10
   I-d) Las fuentes 11
   I-c) Dificultades 12
   I-f) Horarios 13
   I-g) Equipo 13
   I-h) Toponimia 13
   I-i) Direcciones útiles 24
   I-j) Abreviaturas 24
SEGUNDA PARTE (El Cornión) 25
   II-a) Refugios y acercamientos 26
   II-b) Accesos al interior del Macizo Occidental 28
   II-c) Cumbres principales de El Cornión (ascensiones) 33
        Porru Bolu 33
        El Requexón 33
        Torres de Cebolleda 35
        Torre de Santa María 36
        Torre de Enmedio 39
        Torres de las Tres Marías 39
        La Torrezuela 40
        Torres del Torco 40
        Torre de la Cabra Blanca 43
        Torre Santa de Castilla 43
        Torre de la Canal Parda 46
        Torre del Alba 46
        Torre de los Cabrones 46
        Robliza 47
        Pico Cuvicente 48
        La Verdelluenga 49
   II-d) Travesías selectas en El Cornión 49
        1. SEDOS DE OZANIA, circuito rodeando el cordal de la Cabra Blanca . 50
        1a. VARIANTE A OZANIA POR EL ABEDULU 54

Indice General

   2. VEGA HUERTA, circuito rodeando el sector de La Bermeja 56
   3. CUMBRES DEL CORNION, circuito rodeando las Torres Santas 60
   4. JOU SANTU, travesía clásica del macizo. 64
   5. SEDOS DE OLISEDA, travesía Caín-Los Lagos por Oliseda 68
   6. CANAL DE TREA, travesía Los Lagos-El Cares por Ario 72
  6a. VARIANTE POR EL VALLE EXTREMERO 75
   7. RUTA DE LAS MAJADAS, travesía Culiembro-Los Lagos por Vega Maor 76
   8. TRAVESIA ARIO-VEGARREDONDA 80

TERCERA PARTE (Los Urrieles y Andara) 81
  III-a) Refugios y acercamientos 82
  III-b) Accesos al interior del Macizo Central 85
  III-c) Accesos al interior del Macizo Oriental 92
  III-d) Cumbres principales de Los Urrieles (ascensiones) 95
     Cuetos del Trave 95
     Picos de Dobresengros 95
     Pico de Los Cabrones 97
     Torre de Cerredo 97
     Torre Coello 99
     Pico Boada 99
     Torre de la Párdida 100
     Neverón de Urriello 100
     Cueto Albo 101
     Pico Albo 102
     Pico Urriello 102
     La Morra 106
     Cuchallón de Villasobrada 107
     Peña Castil 107
     Torre de la Celada 107
     Torre de Peñalba 108
     Torre de la Palanca 108
     Torre del Llambrión 108
     Tiro Tirso 109
     Pico de la Padierna 110
     Pico San Carlos 111
     Torre del Hoyo Oscuro 111
     Madejuno 111
     Tiro Llago 112
     Torre Blanca 113
     Pico Tesorero 113
     Picos Arenizas 114
     Torre del Friero 114
     Torre del Hoyo de Liordes 115

Picos de Europa

Torre de Salinas 116
Peña Remoña 117
Tiros Navarro 118
Los Campanarios 118
Picos de Santa Ana 118
Peña Vieja 119
Peña Olvidada 120
El Escamellau 121
III-e) Cumbres principales de Andara (ascensiones) 122
Pico del Joracón de la Miel 122
Cortés 122
Pica del Mancondiú 124
Cuetu Tejau 124
Picas del Jou Sin Tierre 124
Pico Valdominguero 124
Picos del Grajal 124
Pica del Jierru 125
Picos del Jierru 125
Morra de Lechugales 125
Silla del Caballo Cimero 126
La Rasa de la Inagotable 127
La Junciana 129
Pico del Sagrado Corazón 130
Pico de Samelar 131
Pico del Acero 131
Pico de las Agudinas 131
Alto de las Verdianas 131
III-f) Travesías selectas en Los Urrieles y en Andara 131
1. COLLADO JERMOSO, travesía Caben de Remoña-Cordiñanes 132
2. TORRE DE CERREDO, ascensión-circuito partiendo de Caín 134
3. NEVERON DE URRIELLO, ascensión-circuito partiendo de Poncebos . 138
4. PEÑA CASTIL, ascensión-circuito partiendo de Sotres 142
5. PICO VALDOMINGUERO, ascensión-circuito desde el Jito de Escarandi 146
6. PICO DE SAMELAR, ascensión-circuito partiendo de Colio 148
7. MORRA DE LECHUGALES, circuito partiendo de Tanarrio 152
8. CANAL DEL VIDRIO, circuito partiendo de Aliva 156
9. TRAVESIA CLASICA DEL MACIZO CENTRAL, El Cable-Poncebos ... 160
10. TORRE DEL LLAMBRION, ascensión-circuito partiendo de Fuente Dé 164

INDICES 167